Gatopedia:
Preguntas y Respuestas

Gatopedia: Preguntas y Respuestas

Escrito por: Christian Schio

Las 100 preguntas más frecuentes que la gente suele hacer sobre los gatos

GATOPEDIA

Prefacio

Bienvenido a un viaje fascinante y lleno de sorpresas por el mundo de los gatos. Este libro nace de la curiosidad y el amor que sentimos por estos enigmáticos compañeros. Los gatos, con su elegancia, independencia y misterioso comportamiento, han sido objeto de admiración y estudio durante siglos. Sin embargo, convivir con un gato puede plantear muchas preguntas, algunas prácticas, otras simplemente divertidas o extrañas.

En estas páginas, encontrarás respuestas a las preguntas más frecuentes que los dueños de gatos suelen hacerse. Desde cómo presentar un nuevo gato en casa hasta entender por qué tu felino prefiere una caja de cartón sobre una cama lujosa. Nos adentraremos en temas de salud, comportamiento, alimentación y hasta en esos momentos curiosos que solo los gatos pueden ofrecer.

Este libro no solo busca ser una guía práctica, sino también un tributo a la peculiaridad y el encanto de nuestros amigos felinos. Queremos que disfrutes descubriendo las respuestas tanto como nosotros hemos disfrutado recopilándolas y escribiéndolas.

Esperamos que al leer este libro, te sientas más conectado con tu gato, comprendas mejor sus necesidades y comportamientos, y disfrutes aún más de su compañía. Los gatos tienen mucho que enseñarnos, y nosotros, mucho que aprender de ellos.

¡Que disfrutes de la lectura y que este libro te ayude a descifrar los misterios de tu compañero de cuatro patas!

Christian Schio

¿Cuál es la mejor manera de presentar un nuevo gato a mi hogar?

Cuando decides introducir un nuevo gato en tu hogar, es importante hacerlo de manera gradual y cuidadosa para asegurar que tanto el nuevo gato como los residentes existentes se sientan cómodos y seguros. La clave es tomarse el tiempo necesario para que cada etapa del proceso sea lo menos estresante posible.

Primero, antes de traer al nuevo gato a casa, prepara una habitación específica para él. Este espacio debe estar equipado con todo lo necesario: una caja de arena limpia, comida, agua fresca, una cama cómoda, algunos juguetes y un rascador. Esta habitación servirá como su zona segura inicial, donde podrá aclimatarse a su nuevo entorno sin sentirse abrumado por un espacio demasiado grande o por la presencia de otros animales.

Cuando lleves al nuevo gato a casa, colócalo directamente en esta habitación. Abre el transportador y deja que salga a su propio ritmo. No lo fuerces a salir ni lo presiones a explorar. Deja que se tome su tiempo para familiarizarse con su nuevo entorno. Es posible que pase un buen rato escondido o explorando lentamente, lo cual es completamente normal.

Durante los primeros días, visita la habitación regularmente, pero deja que sea el gato quien decida cuándo acercarse a ti. Siéntate tranquilamente, habla con él en un tono suave y deja que se acerque cuando se sienta listo. Puedes atraerlo con algunas golosinas o juguetes, pero respeta su espacio y su ritmo de adaptación.

Mientras tanto, es importante iniciar el proceso de intercambio de olores entre el nuevo gato y los animales residentes, si los hay. Una buena manera de hacerlo es intercambiar mantas, camas o juguetes entre el nuevo gato y los gatos residentes. Esto les permitirá acostumbrarse al olor del otro sin un encuentro directo. Otra técnica útil es frotar a cada gato con un paño limpio y luego colocar ese paño cerca del otro gato para que se familiaricen con el olor.

Después de unos días, puedes permitir que los gatos se vean a través de una puerta entreabierta o una reja. Observa sus reacciones cuidadosamente. Si ves signos de agresión o estrés extremo, es mejor retroceder y continuar con el intercambio de olores por un tiempo más. Durante estos encuentros visuales, es útil ofrecer golosinas y juguetes para crear asociaciones positivas entre ellos.

Una vez que los gatos se sientan más cómodos viéndose a través de una barrera, puedes comenzar a permitir encuentros cortos y supervisados en una área neutral de la casa. Nuevamente, observa sus comportamientos con atención. A medida que se sientan más cómodos, puedes aumentar gradualmente la duración de estos encuentros. Es importante no apresurarse y permitir que cada gato se adapte a su propio ritmo.

Durante todo este proceso, mantén rutinas de alimentación consistentes para todos los gatos. Alimentarlos en la misma habitación, pero en lugares separados, puede ayudar a reducir la competencia y a promover una convivencia pacífica. Además, dedica tiempo a jugar con cada gato individualmente y luego juntos. Los juegos interactivos no solo ayudan a reducir el estrés, sino que también fomentan la vinculación.

Monitorea constantemente el comportamiento de todos los gatos durante este proceso. Si notas signos de estrés o agresión persistentes, retrocede un paso y permite más tiempo de adaptación. No dudes en consultar con un veterinario si tienes preocupaciones sobre la salud o el comportamiento de los gatos. Las revisiones médicas son esenciales para asegurarse de que el nuevo gato esté saludable y libre de enfermedades contagiosas.

¿Porqué mi gato a veces me muerde?

Los gatos pueden morder por varias razones, y entender el motivo detrás de este comportamiento puede ayudarte a abordarlo adecuadamente y a mejorar la relación con tu felino. Una de las razones más comunes por las que un gato puede morder es porque se siente sobreestimulado durante el juego o las caricias. Los gatos tienen un umbral de estimulación diferente al de los humanos, y lo que puede parecer un contacto suave y cariñoso para nosotros puede volverse irritante o incómodo para ellos si se prolonga demasiado. Cuando un gato se siente sobreestimulado, puede reaccionar mordiendo para indicar que necesita un descanso.

Otra razón podría estar relacionada con la comunicación y el establecimiento de límites. Los gatos no pueden hablar como nosotros, así que usan su comportamiento para expresar sus necesidades y emociones. Morder puede ser una forma de decir "basta" cuando están molestos, asustados o simplemente quieren que los dejes en paz. Es crucial prestar atención a las señales previas al mordisco, como el movimiento rápido de la cola, las orejas hacia atrás, la dilatación de las pupilas y la contracción de los músculos. Estas señales indican que el gato está llegando a su límite de tolerancia y que es mejor detener lo que estás haciendo.

El juego es otra situación común donde los mordiscos pueden ocurrir. Los gatos son depredadores naturales y tienen instintos de caza muy arraigados. Durante el juego, pueden morder tus manos o pies porque los ven como presas. Esto es especialmente común en gatitos y en gatos jóvenes que están aprendiendo a controlar la fuerza de su mordida. Es importante enseñarles desde pequeños que las manos y los pies no son juguetes. Usar juguetes interactivos como varitas con plumas o ratones de juguete puede redirigir su comportamiento de manera adecuada.

El dolor o malestar también puede ser una causa de mordiscos. Si un gato tiene dolor o está enfermo, puede volverse más irritable y propenso a morder. Problemas dentales, enfermedades de las encías, infecciones u otras condiciones médicas pueden hacer que un gato reaccione agresivamente cuando se toca una zona sensible. Si notas un cambio repentino en el comportamiento de tu gato, como un aumento en la agresividad o mordiscos sin una razón aparente, es recomendable llevarlo al veterinario para descartar problemas de salud.

Los gatos también pueden morder por aburrimiento o falta de estimulación. Un gato que no tiene suficientes oportunidades para ejercitarse y jugar puede buscar atención a través de comportamientos negativos, como morder. Asegúrate de proporcionarle suficiente estimulación mental y física mediante juegos, juguetes interactivos y tiempo de calidad contigo. Esto no solo reduce el comportamiento de morder, sino que también mejora su bienestar general.

Finalmente, los gatos pueden morder como una forma de explorar y comunicarse. Los gatitos, en particular, usan su boca para investigar su entorno y aprender sobre él. A medida que crecen, es importante enseñarles lo que es aceptable morder y lo que no lo es. Siempre recompensa el comportamiento positivo y redirige suavemente el comportamiento no deseado sin castigos físicos, ya que esto puede aumentar la agresividad y el miedo.

¿Cómo puedo evitar que mi gato arañe los muebles?

Evitar que tu gato arañe los muebles es un desafío común para muchos dueños de gatos, pero con un enfoque adecuado y paciente, es posible redirigir este comportamiento de manera efectiva. Lo primero que debes entender es que rascar es un comportamiento natural e instintivo en los gatos. Ellos rascan para marcar su territorio, afilar sus garras y estirar sus músculos. Por lo tanto, en lugar de intentar eliminar este comportamiento, lo que debemos hacer es proporcionar alternativas atractivas y educar a nuestro gato sobre dónde es aceptable rascar.

Una de las formas más efectivas de evitar que tu gato arañe los muebles es proporcionar rascadores adecuados. Existen diversos tipos de rascadores disponibles en el mercado, desde postes verticales hasta rascadores horizontales y rampas. Es importante ofrecer una variedad de superficies para rascar, como sisal, alfombra y cartón, ya que los gatos tienen diferentes preferencias. Coloca los rascadores cerca de las áreas donde tu gato ya ha mostrado interés en rascar, como al lado de un sofá o una silla que haya sido un objetivo. Esto hará que sea más probable que use el rascador en lugar del mueble.

Además, es crucial hacer que los rascadores sean atractivos para tu gato. Puedes frotar un poco de hierba gatera (catnip) en ellos o colgar juguetes que llamen su atención. Cada vez que veas a tu gato usando el rascador, refuérzalo positivamente con caricias, elogios o golosinas. Esta recompensa ayudará a tu gato a asociar el rascador con experiencias positivas, incentivándolo a usarlo más a menudo.

Para proteger tus muebles mientras tu gato se acostumbra a usar los rascadores, puedes emplear algunos métodos disuasorios. Colocar cinta adhesiva de doble cara en las áreas donde tu gato suele rascar puede ser efectivo, ya que a los gatos no les gusta la sensación pegajosa en sus patas. También puedes cubrir los muebles con fundas o mantas temporales que sean menos atractivas para rascar.

El entrenamiento y la redirección también son fundamentales. Si sorprendes a tu gato rascando un mueble, llévalo suavemente al rascador y muestra cómo usarlo. No uses castigos físicos ni regañes a tu gato de manera agresiva, ya que esto puede causar miedo y ansiedad, empeorando el comportamiento. La consistencia es clave; cada vez que veas a tu gato rascar un mueble, redirígelo al rascador.

Mantener las garras de tu gato cortas puede reducir el daño que pueden hacer a los muebles. Recortar regularmente las garras de tu gato no solo ayuda a proteger tus muebles, sino que también es una práctica saludable para tu mascota. Si no te sientes cómodo haciendo esto tú mismo, un veterinario o un peluquero de mascotas puede hacerlo por ti.

Otro aspecto a considerar es el entorno y el bienestar general de tu gato. Asegúrate de que tenga suficiente estimulación mental y física. Los gatos que están aburridos o estresados tienden a desarrollar comportamientos destructivos como rascar muebles. Proporcionar juguetes interactivos, sesiones de juego diarias y oportunidades para trepar y explorar puede ayudar a mantener a tu gato feliz y reducir la necesidad de rascar muebles.

Si después de probar estas estrategias tu gato sigue prefiriendo los muebles, podría ser útil considerar productos diseñados específicamente para proteger los muebles, como protectores de muebles para gatos. Estos productos están hechos para ser resistentes a los rasguños y pueden servir como una solución temporal mientras trabajas en redirigir el comportamiento de tu gato hacia los rascadores.

¿Qué debo hacer si mi gato se enferma?

Si sospechas que tu gato está enfermo, es fundamental actuar con rapidez y cuidado para asegurarte de que reciba la atención adecuada. Los gatos son maestros en ocultar sus síntomas, por lo que notar cualquier cambio en su comportamiento, apetito o apariencia física puede ser crucial para detectar problemas de salud a tiempo.

Primero, observa atentamente a tu gato para identificar los síntomas que presenta. Algunos signos comunes de enfermedad en gatos incluyen pérdida de apetito, letargo, cambios en el comportamiento, vómitos, diarrea, dificultad para respirar, estornudos frecuentes, tos, secreción ocular o nasal, aumento o disminución en el consumo de agua, cambios en el peso, y problemas con la caja de arena como orinar fuera de ella o dificultad para orinar. Cualquier combinación de estos síntomas puede indicar que algo no está bien.

Una vez que hayas identificado los síntomas, lo siguiente es contactar a tu veterinario. Describe detalladamente lo que has observado, incluyendo cuándo comenzaron los síntomas y cualquier cambio en el comportamiento de tu gato. Si es posible, anota la información para asegurarte de no olvidar ningún detalle importante durante la conversación con el veterinario. En casos de emergencia, como dificultad respiratoria severa, colapso, convulsiones, o si tu gato ha ingerido una sustancia tóxica, lleva a tu gato al veterinario inmediatamente.

Mientras esperas la cita con el veterinario, hay algunas cosas que puedes hacer para mantener a tu gato lo más cómodo posible. Asegúrate de que tenga un lugar tranquilo y cómodo donde descansar. Mantén el área limpia y accesible, y proporciona agua fresca en todo momento. Si tu gato no está comiendo, puedes intentar ofrecerle comida húmeda o calentada ligeramente para hacerla más apetitosa, pero evita forzarlo a comer. También es importante mantener un ambiente tranquilo y libre de estrés, ya que el estrés puede empeorar los síntomas de la enfermedad.

Cuando lleves a tu gato al veterinario, proporciona toda la información relevante y sigue las indicaciones del veterinario cuidadosamente. Esto puede incluir administrar medicamentos, cambiar la dieta de tu gato, o monitorear ciertos síntomas más de cerca. Asegúrate de entender completamente las instrucciones del veterinario y no dudes en hacer preguntas si algo no está claro. Es crucial seguir el tratamiento prescrito al pie de la letra y no interrumpirlo sin la aprobación del veterinario, incluso si tu gato parece mejorar.

Además de seguir el tratamiento veterinario, es importante observar cómo responde tu gato al tratamiento. Si notas algún efecto secundario o si los síntomas no mejoran o empeoran, contacta a tu veterinario de inmediato para ajustar el tratamiento si es necesario. Mantén un registro de los síntomas y el progreso de tu gato para compartirlo con el veterinario en las siguientes visitas.

La prevención también juega un papel crucial en la salud de tu gato. Asegúrate de que tu gato esté al día con sus vacunas y visitas regulares al veterinario. Una buena nutrición, ejercicio regular y un ambiente limpio y seguro son fundamentales para mantener a tu gato saludable. Además, estar atento a cualquier cambio en el comportamiento de tu gato puede ayudarte a detectar problemas de salud antes de que se conviertan en algo más serio.

En algunos casos, el apoyo emocional es igualmente importante. Los gatos pueden sentir el estrés y la ansiedad de sus dueños, por lo que mantener una actitud calmada y positiva puede ayudar a tu gato a sentirse más seguro y apoyado durante su recuperación. Dedica tiempo a estar con tu gato, acariciarlo y hablarle suavemente para proporcionarle consuelo.

¿Por qué mi gato "habla"
con los pájaros afuera?

Cuando ves a tu gato "hablando" con los pájaros afuera, probablemente estás observando un comportamiento fascinante que incluye una serie de sonidos y movimientos que pueden parecer muy curiosos. Este comportamiento se conoce comúnmente como "chattering" o castañeteo, y es una respuesta instintiva y compleja que tiene varias posibles explicaciones.

Primero, es importante entender que los gatos son cazadores naturales. Incluso los gatos domésticos conservan muchos de los instintos y comportamientos de sus antepasados salvajes. Cuando tu gato observa a los pájaros a través de la ventana, está viendo presas potenciales. La visión de un pájaro desencadena una serie de respuestas instintivas en su cerebro, preparándolo para la caza. El castañeteo de los dientes, junto con los sonidos que hace, es parte de esta respuesta.

Una teoría es que estos sonidos son una manifestación de la frustración que siente tu gato al no poder alcanzar a los pájaros. Desde el punto de vista del gato, los pájaros están tan cerca y, sin embargo, fuera de su alcance debido a la barrera de la ventana. Esta frustración puede traducirse en una serie de sonidos que parecen un intento de comunicación con las aves, pero en realidad es una forma de expresar su deseo insatisfecho de cazar.

Otra posible explicación es que el castañeteo de los dientes y los sonidos que hace tu gato imitan los movimientos y sonidos que haría durante la mordida de muerte en una caza real. En la naturaleza, después de acechar y abalanzarse sobre su presa, un gato generalmente le da una mordida rápida y precisa para inmovilizarla. Los movimientos rápidos de la mandíbula y los sonidos que acompañan al castañeteo pueden ser un ensayo de este comportamiento instintivo.

Además, algunos expertos creen que el castañeteo puede ser una forma de excitación o anticipación. La vista de los pájaros puede ser extremadamente estimulante para tu gato, y el castañeteo es una manera de liberar esa energía acumulada. Los gatos son animales muy perceptivos y sus sentidos están altamente desarrollados, por lo que ver a los pájaros puede ser una experiencia muy estimulante que desencadena una respuesta física.

También es posible que el castañeteo tenga una función comunicativa entre gatos. Aunque no está dirigido a otros gatos en el momento en que lo ves, podría ser un comportamiento que se desarrolló para alertar a otros miembros de su grupo sobre la presencia de presas o para coordinar una caza en grupo. Aunque los gatos domésticos no cazan en grupos, estos comportamientos pueden persistir como vestigios de sus antepasados salvajes.

Observando más detenidamente, notarás que durante el castañeteo, los ojos de tu gato pueden dilatarse y sus movimientos corporales pueden volverse tensos y enfocados. Estos son todos signos de que está en un estado de alta excitación y concentración. Este comportamiento es completamente normal y no debe ser motivo de preocupación. Es una señal de que tu gato está mentalmente estimulado y está practicando sus habilidades de caza, aunque de manera segura y contenida detrás de una ventana.

Para enriquecer la vida de tu gato y proporcionarle una salida para sus instintos de caza, puedes considerar ofrecerle juguetes interactivos que simulen la caza. Juguetes que se mueven rápidamente, que imitan los movimientos de un pájaro o un ratón, pueden proporcionar una excelente alternativa para canalizar su energía de caza. También puedes colocar un comedero para pájaros cerca de una ventana segura, lo que permite a tu gato observar a los pájaros de cerca y mantenerse entretenido.

¿Cómo puedo entrenar a mi gato para que use la caja de arena?

Entrenar a tu gato para que use la caja de arena es fundamental para una convivencia armoniosa y para mantener un hogar limpio y agradable. Afortunadamente, los gatos tienen un instinto natural para enterrar sus desechos, lo que facilita el proceso. Sin embargo, hay varios pasos que puedes seguir para asegurarte de que tu gato aprenda a usar la caja de arena de manera efectiva y constante.

Primero, es crucial elegir la caja de arena adecuada. La caja debe ser lo suficientemente grande para que tu gato pueda moverse cómodamente dentro de ella. Como regla general, una caja de arena debe ser aproximadamente una vez y media la longitud de tu gato. Si tienes un gato pequeño o un gatito, una caja más pequeña puede ser adecuada al principio, pero a medida que crezca, necesitarás una más grande. Además, algunas cajas de arena tienen tapas o cubiertas para ofrecer privacidad, pero no todos los gatos las prefieren, así que es posible que debas experimentar para ver qué prefiere tu gato.

La ubicación de la caja de arena es también muy importante. Debe estar en un lugar tranquilo y de fácil acceso, lejos de áreas de mucho tráfico o ruidos fuertes. Los gatos valoran su privacidad cuando hacen sus necesidades, así que un lugar apartado y tranquilo es ideal. Sin embargo, evita colocar la caja de arena cerca de su comida y agua, ya que a los gatos no les gusta hacer sus necesidades cerca de donde comen.

El tipo de arena que uses puede hacer una gran diferencia. Hay muchos tipos diferentes en el mercado, como arena aglomerante, no aglomerante, de arcilla, de cristales de sílice y de materiales naturales como el maíz o el trigo. Los gatos suelen preferir la arena de grano fino porque se siente más natural bajo sus patas. Si no estás seguro de qué tipo usar, puedes probar varios tipos para ver cuál prefiere tu gato.

Una vez que tengas la caja de arena adecuada en el lugar correcto, el siguiente paso es familiarizar a tu gato con ella. Si has adoptado un gatito, es probable que su madre ya le haya enseñado a usar la caja de arena, pero aún así, es bueno llevarlo a la caja después de comer, beber, jugar y despertarse. Coloca suavemente al gato en la caja y rasca un poco la arena con sus patas para mostrarle lo que se supone que debe hacer. Repite esto varias veces al día hasta que comience a usar la caja por su cuenta.

Si tienes un gato adulto que necesita aprender a usar la caja de arena, el proceso es similar. Llévalo a la caja después de comer y despiértalo de sus siestas. Al principio, puede que necesites supervisarlo más de cerca para asegurarte de que usa la caja y no otras áreas de la casa. Si notas que el gato empieza a buscar un lugar para hacer sus necesidades, llévalo rápidamente a la caja de arena.

Es fundamental mantener la caja de arena limpia. Los gatos son animales muy limpios y pueden rechazar usar una caja de arena sucia. Retira los desechos sólidos y los grumos de orina al menos una vez al día y cambia toda la arena regularmente, según el tipo de arena que estés usando. Limpia la caja con agua tibia y un detergente suave, evitando productos de limpieza fuertes que puedan dejar olores que desagraden a tu gato.

A lo largo de este proceso, es importante ser paciente y evitar castigar a tu gato si tiene accidentes fuera de la caja de arena. El castigo solo puede causar miedo y estrés, empeorando el problema. En su lugar, refuerza positivamente el uso de la caja de arena con elogios, caricias o pequeñas golosinas cuando tu gato la use correctamente. Esto ayudará a crear una asociación positiva con la caja de arena.

¿Cuáles son los signos de que mi gato está enfermo?

Reconocer los signos de enfermedad en un gato puede ser crucial para su bienestar, ya que los gatos tienden a ocultar sus síntomas hasta que la situación es bastante seria. Como dueño de un gato, es importante estar atento a cualquier cambio en su comportamiento, apariencia física y hábitos diarios. Estos cambios pueden ser sutiles, por lo que la observación cuidadosa y regular es esencial para detectar problemas de salud a tiempo.

Uno de los primeros indicadores de que tu gato podría estar enfermo es un cambio en sus hábitos alimenticios. Si notas que tu gato ha perdido el apetito y deja de comer sus comidas favoritas, o si, por el contrario, está comiendo más de lo habitual, esto podría ser una señal de que algo no está bien. La pérdida de peso inexplicada, así como un aumento repentino de peso, también son signos preocupantes. Observa si tu gato está bebiendo más o menos agua de lo normal, ya que cambios en la ingesta de agua pueden indicar problemas como diabetes o enfermedad renal.

El comportamiento de tu gato es otro indicador importante de su salud. Un gato que normalmente es activo y juguetón pero que de repente se vuelve letárgico y se esconde, puede estar enfermo. Los gatos a menudo buscan lugares tranquilos y apartados cuando no se sienten bien. También puede haber cambios en la interacción social; un gato que se vuelve inusualmente irritable, agresivo o, por el contrario, demasiado afectuoso, podría estar tratando de comunicar su malestar.

Los cambios en la vocalización son otro signo a tener en cuenta. Si tu gato empieza a maullar más de lo habitual o hace sonidos diferentes, esto puede ser una señal de dolor o incomodidad. Los gatos pueden emitir maullidos largos y lastimeros cuando están en dolor, así que presta atención a cualquier cambio en sus patrones de comunicación.

La apariencia física y la higiene de tu gato también pueden proporcionarte pistas sobre su salud. Observa su pelaje: un gato saludable tiene un pelaje brillante y limpio, mientras que un gato enfermo puede tener un pelaje opaco, enmarañado o lleno de caspa. La pérdida excesiva de pelo o el lamido constante en una área particular del cuerpo puede indicar problemas dermatológicos o parásitos.

Revisa también los ojos y la nariz de tu gato. Los ojos deben ser claros y brillantes, sin secreciones ni enrojecimiento. La nariz debe estar húmeda y sin costras. Las orejas deben estar limpias y sin olor fuerte ni secreción. La presencia de secreciones oculares o nasales, junto con estornudos frecuentes, puede indicar una infección respiratoria.

Observa los hábitos de eliminación de tu gato. Los cambios en el uso de la caja de arena pueden ser una señal de problemas de salud. Si tu gato empieza a orinar fuera de la caja de arena, esto puede ser un indicio de estrés, problemas urinarios o infecciones del tracto urinario. La diarrea, el estreñimiento, o la presencia de sangre en las heces son signos de que algo anda mal en su sistema digestivo.

La respiración de tu gato es otro aspecto crucial a vigilar. La respiración debe ser suave y silenciosa. Si notas que tu gato está respirando con dificultad, jadeando, tosiendo o tiene una respiración ruidosa, esto puede ser un signo de problemas respiratorios o cardíacos.

El comportamiento al comer o beber puede ser revelador. Si tu gato tiene dificultad para masticar, babea excesivamente o evita la comida y el agua, podría estar experimentando problemas dentales o dolor en la boca.

¿Qué vacunas necesita mi gato?

Vacunar a tu gato es una parte esencial de mantenerlo sano y protegerlo contra enfermedades graves y potencialmente mortales. Las vacunas funcionan estimulando el sistema inmunológico de tu gato para que reconozca y combata ciertos virus y bacterias. A lo largo de la vida de tu gato, hay una serie de vacunas esenciales y opcionales que debes considerar, dependiendo de su estilo de vida y riesgos específicos.

Las vacunas esenciales, también conocidas como vacunas "core", son recomendadas para todos los gatos, independientemente de si viven en interiores o exteriores. La primera de estas vacunas es la triple felina o vacuna FVRCP, que protege contra tres enfermedades graves:

1. **Rinotraqueítis viral felina (FVR)**: Causada por el herpesvirus felino tipo 1, esta enfermedad afecta las vías respiratorias superiores, causando síntomas como estornudos, secreción nasal y ocular, y en casos graves, neumonía.
2. **Calicivirus felino (FCV)**: Este virus también afecta las vías respiratorias superiores y puede causar úlceras en la boca, cojera y fiebre. Es altamente contagioso entre gatos.
3. **Panleucopenia felina (FPV)**: Conocida también como moquillo felino, es una enfermedad extremadamente contagiosa y potencialmente mortal que afecta el sistema gastrointestinal, causando vómitos, diarrea, deshidratación y muerte súbita en casos graves.

El calendario de vacunación para la triple felina generalmente comienza cuando los gatitos tienen entre 6 y 8 semanas de edad, con refuerzos cada 3-4 semanas hasta que tienen alrededor de 16 semanas. Luego, se administra un refuerzo al año y posteriormente cada 1-3 años, dependiendo de las recomendaciones de tu veterinario y las regulaciones locales. Otra vacuna esencial es la vacuna contra la **rabia**. Aunque la rabia es más común en perros, los gatos también pueden contraer y transmitir esta enfermedad mortal que afecta el sistema nervioso. La vacunación contra la rabia es obligatoria en muchas áreas debido a su gravedad y riesgo de transmisión a humanos. Los gatitos suelen recibir su primera vacuna contra la rabia entre los 12 y 16 semanas de edad, con un refuerzo al año y luego según lo recomendado, generalmente cada uno o tres años.

Además de las vacunas esenciales, hay otras vacunas que son recomendadas dependiendo del estilo de vida de tu gato. Estas vacunas opcionales se conocen como vacunas "no core" y se administran en función de la evaluación de riesgos individuales. Entre ellas se incluyen:

1. **Vacuna contra la leucemia felina (FeLV)**: El virus de la leucemia felina es una enfermedad grave que suprime el sistema inmunológico y puede causar cáncer. Esta vacuna es especialmente importante para gatos que pasan tiempo al aire libre o que tienen contacto con otros gatos. Los gatitos suelen recibir la vacuna contra FeLV entre las 8 y 12 semanas de edad, con un refuerzo después de 3-4 semanas y luego anualmente si están en riesgo.

2. **Vacuna contra Bordetella**: La Bordetella bronchiseptica es una bacteria que puede causar infecciones respiratorias en gatos, especialmente en aquellos que viven en entornos con muchos gatos como refugios o criaderos. Esta vacuna puede ser recomendada para gatos que frecuentan guarderías, exposiciones felinas o que viven en hogares con múltiples gatos.

3. **Vacuna contra Chlamydia felis**: Chlamydia felis es una bacteria que puede causar conjuntivitis y

problemas respiratorios en gatos. La vacuna contra la clamidia es a menudo incluida en la vacuna combinada FVRCP si el riesgo es alto.

4. **Vacuna contra el virus de la inmunodeficiencia felina (FIV)**: Aunque menos común, esta vacuna puede ser recomendada para gatos con alto riesgo de exposición al FIV, como aquellos que pasan tiempo al aire libre y pueden entrar en peleas con otros gatos. La FIV es similar al VIH en humanos y debilita el sistema inmunológico del gato.

Es crucial tener en cuenta que el calendario de vacunación puede variar según el país, la región y las recomendaciones específicas de tu veterinario. Además, la situación de salud individual de tu gato, incluyendo su edad, estado de salud y estilo de vida, influirá en el tipo y frecuencia de las vacunas que necesita.

Mantener un registro de las vacunas de tu gato y programar revisiones veterinarias regulares es fundamental para asegurar que esté protegido contra enfermedades prevenibles. Tu veterinario será tu mejor guía para establecer un plan de vacunación adecuado que mantenga a tu gato saludable y protegido a lo largo de su vida.

¿Cuándo debo llevar
a mi gato al veterinario?

Llevar a tu gato al veterinario en los momentos adecuados es crucial para mantener su salud y bienestar. Hay varias situaciones en las que es necesario programar una visita al veterinario, desde las revisiones regulares hasta las emergencias y situaciones específicas de salud. Entender cuándo es el momento adecuado para llevar a tu gato al veterinario puede marcar una gran diferencia en la detección temprana de problemas de salud y en el manejo adecuado de enfermedades.

En primer lugar, es fundamental llevar a tu gato al veterinario para revisiones regulares. Los gatos, al igual que los humanos, necesitan chequeos de rutina para asegurarse de que están en buena salud. Para los gatitos, se recomienda una serie de visitas durante su primer año de vida. Estas visitas generalmente incluyen vacunas, desparasitaciones y controles de crecimiento. Tu veterinario también revisará que todo esté bien con el desarrollo físico del gatito y te asesorará sobre la nutrición adecuada, la prevención de parásitos y otros cuidados esenciales.

Para los gatos adultos, una visita al veterinario una vez al año suele ser suficiente. Durante estas visitas, el veterinario realizará un examen físico completo, revisando los ojos, los oídos, la boca, los dientes, la piel, el pelaje y el peso de tu gato. Además, se pueden realizar análisis de sangre y orina para detectar cualquier problema de salud subyacente que no sea evidente en el examen físico. Las vacunas también se actualizan durante estas visitas anuales, lo que es crucial para la prevención de enfermedades.

A medida que tu gato envejece, es aconsejable aumentar la frecuencia de las visitas al veterinario a dos veces al año. Los gatos mayores son más propensos a desarrollar problemas de salud como enfermedad renal, diabetes, hipertiroidismo y artritis. Visitas más frecuentes permiten una detección temprana y un manejo más eficaz de estas condiciones, mejorando la calidad de vida de tu gato.

Además de las visitas regulares, hay situaciones específicas que requieren atención veterinaria inmediata. Si notas cambios en el comportamiento de tu gato, como letargo, agresividad o esconderse más de lo usual, puede ser una señal de que algo anda mal. Los cambios en el apetito y el consumo de agua también son indicativos de posibles problemas de salud. Por ejemplo, un aumento en la sed y la micción puede ser un signo de diabetes o enfermedad renal, mientras que la pérdida de apetito puede indicar problemas dentales, infecciones o enfermedades gastrointestinales.

La pérdida de peso inexplicada, el aumento de peso repentino o los cambios en la condición del pelaje también justifican una visita al veterinario. Un pelaje opaco, enmarañado o con caspa puede indicar problemas de piel, nutricionales o de salud general. Los problemas digestivos como vómitos, diarrea o estreñimiento que persisten más de un día o dos también deben ser evaluados por un veterinario.

Las dificultades respiratorias, como tos, estornudos, secreciones nasales oculares o respiración con esfuerzo, son signos claros de que tu gato necesita atención médica. Las infecciones respiratorias pueden ser serias, especialmente en gatitos y gatos mayores.

Los problemas urinarios, como dificultad para orinar, sangre en la orina o orinar fuera de la caja de arena, son emergencias que requieren atención inmediata. Estos síntomas pueden indicar infecciones del tracto urinario, cálculos vesicales o incluso obstrucciones que pueden ser mortales si no se tratan rápidamente.

Los cambios en la movilidad, como cojera, dificultad para saltar o caminar, y el dolor evidente, son signos de que tu gato podría estar sufriendo de artritis, lesiones o enfermedades neurológicas. La detección temprana y el tratamiento pueden ayudar a aliviar el dolor y mejorar la movilidad de tu gato.

También es importante llevar a tu gato al veterinario si notas cualquier tipo de lesión, heridas abiertas, abscesos, hinchazón, o si ha estado en una pelea con otro animal. Las heridas pueden infectarse fácilmente, y los abscesos necesitan ser drenados y tratados con antibióticos.

¿Cómo puedo evitar que mi gato se escape?

Evitar que tu gato se escape requiere una combinación de medidas preventivas, entrenamiento y atención a sus necesidades físicas y emocionales. Los gatos son animales curiosos por naturaleza, y su deseo de explorar el exterior puede ser muy fuerte. Sin embargo, hay varias estrategias que puedes implementar para mantener a tu gato seguro en casa y reducir su deseo de escaparse.

Primero, es importante asegurarse de que tu hogar esté bien preparado para mantener a tu gato adentro. Revisa todas las posibles rutas de escape, como ventanas, puertas y agujeros en las paredes o en las cercas. Las ventanas deben tener mallas de seguridad o pantallas resistentes que puedan soportar el peso y la presión de un gato. Si tienes puertas que dan al exterior, considera instalar un sistema de doble puerta, donde haya un vestíbulo o una puerta secundaria que sirva como barrera adicional para evitar que el gato salga corriendo cuando abras la puerta principal.

Otra estrategia eficaz es proporcionar un ambiente enriquecido dentro de tu hogar que mantenga a tu gato estimulado y satisfecho. Los gatos que están aburridos o carecen de estimulación tienden a buscar aventuras fuera del hogar. Asegúrate de que tu gato tenga acceso a juguetes interactivos, áreas para trepar, rascadores y ventanas desde las cuales pueda observar el exterior de manera segura. Jugar con tu gato diariamente usando juguetes que imiten la caza, como varitas con plumas o ratones de juguete, también ayuda a satisfacer sus instintos naturales y reduce el deseo de escaparse.

La esterilización o castración de tu gato es otra medida crucial. Los gatos que no están esterilizados tienen una mayor tendencia a vagar en busca de pareja, especialmente los machos que pueden oler a una hembra en celo desde largas distancias. La esterilización no solo ayuda a reducir este impulso, sino que también tiene beneficios adicionales para la salud, como la disminución del riesgo de ciertos tipos de cáncer y enfermedades.

Entrenar a tu gato para que responda a su nombre y venga cuando lo llamas puede ser muy útil en caso de que logre salir. Utiliza golosinas y refuerzo positivo para enseñarle a asociar su nombre con recompensas. Practica esto dentro de la casa hasta que responda de manera consistente. Si tu gato logra salir, llamarlo por su nombre podría ser suficiente para atraerlo de vuelta al interior.

Considera la opción de construir un "catio" o un patio seguro para gatos. Un catio es una estructura al aire libre cerrada que permite a los gatos disfrutar del aire libre de manera segura. Puedes construir o comprar un catio que se adapte a tu espacio disponible, asegurándote de que tenga suficiente espacio para que tu gato explore, trepe y se relaje. Esta es una excelente manera de satisfacer el deseo de tu gato de estar al aire libre sin el riesgo de que se escape.

La identificación adecuada es vital en caso de que tu gato logre escapar. Asegúrate de que tu gato tenga un collar con una placa de identificación que incluya tu número de teléfono. Además, considera la posibilidad de implantar un microchip a tu gato. Un microchip es un dispositivo pequeño y seguro que se inserta debajo de la piel y contiene un número de identificación único que puede ser escaneado por los veterinarios y refugios de animales para ayudarte a reunirte con tu gato si se pierde.

También es importante supervisar el tiempo que tu gato pasa cerca de las puertas y ventanas. Si tu gato muestra un interés particular en una puerta en específico, puedes usar una combinación de disuasores como cintas adhesivas de doble cara, alfombras con texturas incómodas o dispositivos que emiten sonidos desagradables para mantenerlo alejado.

¿Qué debo hacer si
mi gato ha sido envenenado?

El envenenamiento en gatos puede ocurrir de diversas maneras, como la ingestión de plantas tóxicas, productos de limpieza, pesticidas, medicamentos humanos o alimentos que no son seguros para ellos. A continuación, te explico de forma detallada y exhaustiva lo que debes hacer si te encuentras en esta situación.

Primero, trata de identificar la fuente del envenenamiento. Esto puede ser difícil, pero cualquier información sobre lo que tu gato pudo haber ingerido o con lo que pudo haber tenido contacto será invaluable para el veterinario. Si encuentras un envase de producto químico, medicamento, planta u otro posible veneno cerca de tu gato, llévalo contigo al veterinario para que puedan entender mejor qué sustancia está involucrada.

A continuación, evalúa los síntomas que está presentando tu gato. Los signos de envenenamiento pueden variar según la sustancia, pero algunos síntomas comunes incluyen vómitos, diarrea, salivación excesiva, letargo, convulsiones, dificultad para respirar, temblores, descoordinación, hinchazón facial, pupilas dilatadas, y sangrado. Observa cuidadosamente a tu gato y anota cualquier síntoma que notes, ya que esta información será crucial para el veterinario.

No intentes inducir el vómito ni administrar ningún tipo de tratamiento casero a menos que tu veterinario te lo indique específicamente. Inducir el vómito puede ser peligroso, especialmente si tu gato ha ingerido una sustancia corrosiva o un objeto punzante. En lugar de intentar tratarlo tú mismo, es fundamental llevar a tu gato al veterinario de inmediato.

Llama a tu veterinario lo antes posible y explica la situación. Si no puedes comunicarte con tu veterinario habitual, busca una clínica de emergencia veterinaria cercana. Mientras te diriges al veterinario, mantén a tu gato lo más tranquilo y cómodo posible. Colócalo en su transportador para gatos y asegúrate de que esté en una posición segura durante el viaje.

Una vez en la clínica veterinaria, el equipo de profesionales evaluará a tu gato y decidirá el mejor curso de acción. El tratamiento puede variar según la sustancia ingerida y la rapidez con la que se busque atención. Algunas posibles intervenciones incluyen la administración de carbón activado para absorber el veneno en el estómago, fluidos intravenosos para ayudar a eliminar el tóxico del sistema, medicamentos específicos para contrarrestar los efectos del veneno, y soporte adicional como oxígeno o cuidados intensivos si es necesario.

La rapidez con la que actúes puede marcar una gran diferencia en el resultado. Algunos venenos actúan muy rápidamente, por lo que cada minuto cuenta. Mientras esperas el tratamiento, el veterinario puede realizar pruebas adicionales, como análisis de sangre o radiografías, para evaluar el alcance del envenenamiento y monitorear la respuesta de tu gato al tratamiento.

Es fundamental seguir todas las instrucciones del veterinario al pie de la letra. Si se te prescribe algún medicamento para llevar a casa, asegúrate de administrarlo exactamente como se indica y observa cualquier signo de mejora o empeoramiento en el estado de tu gato. Si tienes alguna duda o si los síntomas persisten o empeoran, contacta a tu veterinario de inmediato.

Después de la emergencia, es importante revisar tu hogar para identificar y eliminar posibles peligros para evitar futuros envenenamientos. Asegúrate de que todas las sustancias tóxicas, medicamentos, productos de limpieza y plantas peligrosas estén fuera del alcance de tu gato. Considera el uso de cerraduras a prueba de gatos en armarios y gabinetes donde almacenes estos productos.

¿Cómo puedo reducir el estrés de mi gato?

Reducir el estrés en los gatos es fundamental para su bienestar general, ya que el estrés prolongado puede afectar negativamente su salud física y emocional. Los gatos pueden estresarse por diversas razones, incluyendo cambios en su entorno, la llegada de nuevos miembros a la familia, visitas al veterinario, ruidos fuertes o la falta de estimulación adecuada. Aquí te explico cómo puedes ayudar a tu gato a reducir el estrés de manera efectiva.

Primero, es importante crear un entorno seguro y predecible para tu gato. A los gatos les gusta la rutina y se sienten más seguros cuando saben qué esperar. Intenta mantener un horario regular para alimentarlo, jugar con él y limpiar su caja de arena. Evita hacer cambios drásticos en su entorno o en su rutina diaria, y si necesitas hacer algún cambio, hazlo de manera gradual para que tenga tiempo de adaptarse.

Proporciona un espacio seguro donde tu gato pueda retirarse y sentirse protegido. Esto puede ser una habitación tranquila, una caja de cartón, una cama elevada o cualquier lugar donde pueda estar solo y lejos del bullicio de la casa. Asegúrate de que este espacio tenga todo lo que necesita: agua, comida, una cama cómoda y una caja de arena cercana.

La estimulación mental y física es crucial para mantener a tu gato feliz y reducir su estrés. Los gatos necesitan oportunidades para jugar y cazar, lo que puedes proporcionar a través de juguetes interactivos, como varitas con plumas, pelotas o ratones de juguete. Jugar con tu gato diariamente no solo le proporciona ejercicio físico, sino que también fortalece el vínculo entre ambos y ayuda a liberar energía acumulada.

Enriquecer el entorno de tu gato también puede ayudar a reducir el estrés. Proporciona rascadores verticales y horizontales, ya que rascar es un comportamiento natural que ayuda a los gatos a relajarse y marcar su territorio. Coloca perchas o estantes elevados donde tu gato pueda trepar y observar su entorno desde una posición segura. También puedes usar juguetes de rompecabezas o dispensadores de comida para estimular su mente y mantenerlo ocupado.

Los feromonas sintéticas, como los difusores o aerosoles Feliway, pueden ser muy útiles para reducir el estrés en los gatos. Estas feromonas imitan las señales químicas naturales que los gatos usan para sentirse seguros y tranquilos en su entorno. Puedes colocar un difusor en la habitación donde tu gato pasa la mayor parte del tiempo o usar un spray en su cama o áreas de descanso.

La música calmante o los sonidos suaves pueden ayudar a relajar a tu gato. Existen CDs o listas de reproducción especialmente diseñadas para gatos que pueden crear un ambiente tranquilo y reducir el estrés. Asegúrate de que el volumen sea bajo y que los sonidos sean suaves y relajantes.

El contacto y la interacción social también juegan un papel importante en el manejo del estrés de tu gato. Pasa tiempo de calidad con él, acariciándolo y hablándole suavemente. Presta atención a sus señales y respeta su espacio si no quiere ser tocado en ese momento. Algunos gatos disfrutan del cepillado, lo cual no solo reduce el estrés sino que también fortalece el vínculo entre ambos y mantiene su pelaje saludable.

Si tu gato está pasando por una situación particularmente estresante, como una mudanza o la llegada de un nuevo miembro a la familia, considera usar remedios naturales o suplementos que puedan ayudar a calmarlo. Consulta con tu veterinario sobre la posibilidad de usar productos como flores de Bach, valeriana o triptófano, que pueden ser útiles para algunos gatos.

En casos de estrés severo o crónico, es importante consultar a un veterinario o a un especialista en comportamiento felino. Ellos pueden ayudarte a identificar las causas subyacentes del estrés y a desarrollar un plan de manejo adecuado.

¿Qué alimentos son tóxicos
para los gatos?

Es fundamental conocer los alimentos que son tóxicos para los gatos para proteger su salud y bienestar. Aunque los gatos pueden mostrar interés en probar lo que estamos comiendo, muchos alimentos que son seguros para los humanos pueden ser peligrosos e incluso mortales para ellos. Aquí te explicaré detalladamente qué alimentos debes evitar darle a tu gato y por qué.

El chocolate es uno de los alimentos más conocidos por su toxicidad en gatos. Contiene teobromina y cafeína, que son estimulantes del sistema nervioso central. Estos compuestos pueden causar síntomas como vómitos, diarrea, aumento del ritmo cardíaco, temblores, convulsiones e incluso la muerte. El chocolate oscuro y el cacao en polvo son especialmente peligrosos debido a sus altos niveles de teobromina.

La cebolla y el ajo, ya sean crudos, cocidos o en polvo, contienen compuestos que pueden dañar los glóbulos rojos de los gatos, llevando a una condición conocida como anemia hemolítica. Los síntomas de esta afección incluyen debilidad, letargo, pérdida de apetito y encías pálidas. Incluso pequeñas cantidades de cebolla o ajo pueden ser tóxicas para los gatos, por lo que es mejor evitar por completo su exposición a estos alimentos.

Las uvas y las pasas también son extremadamente tóxicas para los gatos, aunque la causa exacta de su toxicidad aún no se entiende completamente. La ingestión de uvas o pasas puede llevar a insuficiencia renal aguda, una condición potencialmente mortal. Los síntomas incluyen vómitos, diarrea, letargo, pérdida de apetito y un aumento en la cantidad de orina seguida de una disminución. Si sospechas que tu gato ha ingerido uvas o pasas, es crucial llevarlo al veterinario de inmediato.

El alcohol es otro tóxico potente para los gatos. Incluso pequeñas cantidades pueden causar una variedad de problemas graves, como vómitos, diarrea, problemas de coordinación, dificultad para respirar, temblores, y en casos severos, coma o muerte. Nunca dejes bebidas alcohólicas al alcance de tu gato y asegúrate de limpiar cualquier derrame rápidamente.

Los alimentos que contienen xilitol, un edulcorante artificial, son muy peligrosos para los gatos. Aunque el xilitol es más tóxico para los perros, también puede causar problemas en los gatos, como una liberación rápida de insulina que lleva a hipoglucemia (bajo nivel de azúcar en sangre). Los síntomas de la hipoglucemia incluyen vómitos, pérdida de coordinación, convulsiones y, si no se trata, puede ser fatal.

El café, el té y otras bebidas con cafeína deben mantenerse lejos de los gatos. La cafeína es un estimulante del sistema nervioso central y puede causar inquietud, respiración rápida, palpitaciones, temblores musculares y convulsiones. En casos graves, la intoxicación por cafeína puede llevar a la muerte.

Los productos lácteos como la leche, el queso y el yogur pueden causar problemas digestivos en muchos gatos. Aunque la imagen del gato bebiendo leche es popular, muchos gatos son intolerantes a la lactosa y pueden experimentar diarrea, vómitos y malestar estomacal después de consumir productos lácteos. Es mejor ofrecer alternativas específicas para gatos si deseas darle un capricho lácteo a tu mascota.

El atún enlatado para consumo humano, aunque tentador para los gatos, no es adecuado como alimento principal. El atún enlatado carece de los nutrientes necesarios para una dieta equilibrada y puede contener niveles elevados de mercurio, lo que puede ser perjudicial a largo plazo. Además, alimentarlos regularmente con atún enlatado puede llevar a deficiencias nutricionales y problemas de salud.

El hígado, aunque es una fuente de nutrientes, puede ser tóxico en grandes cantidades debido a su alto contenido en vitamina A. La hipervitaminosis A, o toxicidad por vitamina A, puede causar problemas óseos, dolor en las articulaciones y deformidades óseas.
La masa de pan cruda y los alimentos crudos que contienen levadura también son peligrosos. La masa puede fermentar en el estómago de tu gato, produciendo gas y alcohol, lo que puede llevar a distensión abdominal, dolor y una emergencia médica potencial.

¿Cómo puedo ayudar a
mi gato a perder peso?

Ayudar a tu gato a perder peso es una tarea importante para su salud y bienestar general. La obesidad en los gatos puede llevar a una serie de problemas de salud, como diabetes, enfermedades cardíacas, artritis y una vida más corta. Para lograr que tu gato pierda peso de manera segura y efectiva, es fundamental seguir un enfoque estructurado y gradual, combinado con una dieta adecuada y ejercicio regular.

El primer paso para ayudar a tu gato a perder peso es llevarlo al veterinario para una evaluación completa. El veterinario puede determinar el peso ideal de tu gato y desarrollar un plan de pérdida de peso personalizado. Es crucial descartar cualquier problema de salud subyacente que pueda estar contribuyendo al aumento de peso, como trastornos hormonales o problemas metabólicos.

Una vez que tengas el visto bueno del veterinario, es hora de ajustar la dieta de tu gato. Cambiar a una comida para gatos formulada específicamente para la pérdida de peso puede ser muy útil. Estas dietas suelen tener menos calorías y más fibra, lo que ayuda a tu gato a sentirse lleno sin consumir demasiadas calorías. Evita darle alimentos para humanos, golosinas en exceso y asegúrate de medir las porciones cuidadosamente según las recomendaciones del veterinario o las indicaciones del paquete de alimento.

Dividir la comida de tu gato en varias comidas pequeñas a lo largo del día en lugar de una o dos grandes puede ayudar a mantener su metabolismo activo y reducir el hambre. Usar un comedero automático puede ser útil para repartir las porciones a lo largo del día, especialmente si no estás en casa.

El control de las golosinas es también esencial. Aunque es importante recompensar a tu gato, debes hacerlo con moderación. Opta por golosinas bajas en calorías o considera usar pequeñas porciones de su comida regular como recompensa. Limita las golosinas a no más del 10% de la ingesta calórica diaria de tu gato.

El ejercicio es otra parte crucial del proceso de pérdida de peso. Los gatos son cazadores naturales y necesitan actividad física para mantenerse saludables. Dedica tiempo cada día para jugar con tu gato utilizando juguetes interactivos, como varitas con plumas, ratones de juguete y pelotas. Los juguetes que imitan el movimiento de una presa pueden ser especialmente efectivos para estimular el instinto de caza de tu gato.

Además de los juguetes interactivos, considera introducir estructuras para trepar, como árboles para gatos y estantes elevados. Esto no solo proporciona ejercicio físico, sino que también enriquece el entorno de tu gato, manteniéndolo mentalmente estimulado.

Si tu gato es mayor o tiene problemas de movilidad, ajusta las actividades a su nivel de capacidad. Incluso los gatos mayores pueden beneficiarse de un juego suave y de actividades que promuevan el movimiento, como seguir una luz láser o alcanzar juguetes a corta distancia.

Mantén un registro del progreso de tu gato pesándolo regularmente y anotando los cambios. Esto te ayudará a ajustar su dieta y rutina de ejercicios según sea necesario. Si no ves resultados o si tu gato parece tener dificultades, consulta con tu veterinario para ajustar el plan de pérdida de peso.

Es importante ser paciente y consistente. La pérdida de peso en gatos debe ser un proceso gradual para evitar problemas de salud. Una pérdida de peso segura es de alrededor del 1-2% del peso corporal por semana. No intentes reducir el peso de tu gato demasiado rápido, ya que esto puede llevar a problemas hepáticos graves, como la lipidosis hepática.

¿Cuál es la mejor dieta para mi gato?

La mejor dieta para tu gato es aquella que satisface todas sus necesidades nutricionales y se adapta a sus condiciones individuales, como la edad, el nivel de actividad, la salud y las preferencias personales. Los gatos son carnívoros obligados, lo que significa que necesitan obtener la mayoría de sus nutrientes esenciales de la carne. A continuación, te explicaré de manera detallada cómo proporcionar la dieta más adecuada para tu felino.

Primero, es importante elegir un alimento de alta calidad formulado específicamente para gatos. Los alimentos comerciales para gatos vienen en dos formas principales: secos y húmedos. Ambos tipos tienen sus beneficios y pueden formar parte de una dieta equilibrada.

El alimento seco, o croquetas, es conveniente y ayuda a mantener los dientes de tu gato limpios mediante la masticación. Sin embargo, tiende a tener menos contenido de agua, lo que puede ser un problema si tu gato no bebe suficiente agua. El alimento húmedo, por otro lado, tiene un alto contenido de agua, lo que ayuda a mantener a tu gato bien hidratado y puede ser más apetecible para ellos. Los alimentos húmedos también suelen tener una textura y un sabor que los gatos encuentran muy atractivos.

Una dieta mixta que combine alimento seco y húmedo puede ser una excelente opción, ya que ofrece los beneficios de ambos tipos. Por ejemplo, puedes darle croquetas por la mañana y una ración de alimento húmedo por la noche. Esto no solo asegura una buena hidratación sino que también agrega variedad a su dieta, lo cual es beneficioso para su bienestar general.

Cuando seleccionas un alimento para gatos, es esencial leer la etiqueta y asegurarte de que el primer ingrediente sea una fuente de proteína animal, como pollo, pescado o carne de res. Los gatos necesitan proteínas de alta calidad para mantener sus músculos, piel y pelaje saludables. Además, busca alimentos que contengan taurina, un aminoácido esencial que los gatos no pueden producir por sí mismos y que es crucial para la salud cardíaca y ocular.

Además de las proteínas, tu gato necesita grasas saludables que le proporcionen energía y mantengan su pelaje brillante. Los ácidos grasos esenciales, como el omega-3 y el omega-6, son importantes para la salud de la piel y el pelaje y también tienen beneficios antiinflamatorios.

Los carbohidratos no son una parte esencial de la dieta de un gato, pero pueden estar presentes en pequeñas cantidades en los alimentos comerciales. Es importante que los carbohidratos no sean el componente principal del alimento. Opta por alimentos con un contenido moderado de carbohidratos y evita aquellos con altos niveles de granos o rellenos innecesarios.

Los gatos también necesitan vitaminas y minerales esenciales para su salud general. La vitamina A es importante para la visión y la piel, mientras que la vitamina D es necesaria para la absorción de calcio y la salud ósea. Los minerales como el calcio, el fósforo y el magnesio son fundamentales para mantener huesos y dientes fuertes. Asegúrate de que el alimento que elijas esté equilibrado y fortificado con estas vitaminas y minerales.

Es fundamental adaptar la dieta de tu gato a sus necesidades específicas en cada etapa de su vida. Los gatitos, por ejemplo, requieren un alimento especialmente formulado para su rápido crecimiento y desarrollo, con mayores niveles de proteínas y calorías. Los gatos adultos necesitan una dieta que mantenga su peso y salud general, mientras que los gatos mayores pueden beneficiarse de alimentos que apoyen la salud de las articulaciones y el sistema digestivo, con menor contenido calórico para evitar la obesidad.

Si tu gato tiene problemas de salud específicos, como diabetes, enfermedades renales, alergias alimentarias o problemas digestivos, consulta con tu veterinario sobre la dieta más adecuada. Los veterinarios pueden recomendar dietas terapéuticas o alimentos especialmente formulados para manejar estas condiciones de salud.

Además de seleccionar el alimento adecuado, es importante controlar las porciones y evitar sobrealimentar a tu gato. Sigue las recomendaciones de la etiqueta del alimento y ajusta según las necesidades de tu gato. Alimentar a tu gato en horarios regulares en lugar de dejar comida disponible todo el día puede ayudar a controlar su peso y prevenir la obesidad.

También es esencial asegurarte de que tu gato tenga acceso constante a agua fresca y limpia. La hidratación es crucial para la salud renal y la función general del organismo. Si tu gato no bebe suficiente agua, considera usar una fuente de agua para gatos, que puede incentivar a beber más debido al agua en movimiento.

¿Por qué mi gato vomita con frecuencia?

Cuando un gato vomita con frecuencia, es natural preocuparse y querer entender las causas detrás de este comportamiento. El vómito ocasional puede ser normal en gatos, pero si se convierte en un problema frecuente, es importante investigar las posibles razones y tomar medidas adecuadas para solucionarlo. Aquí te explico de manera detallada y exhaustiva las causas comunes del vómito frecuente en gatos y cómo puedes abordarlas.

Una de las causas más comunes del vómito en gatos es la formación de bolas de pelo. Los gatos son animales muy limpios y pasan una gran parte de su tiempo acicalándose. Durante este proceso, ingieren pelos que pueden acumularse en su estómago y formar bolas de pelo. Cuando estas bolas de pelo se vuelven demasiado grandes, el gato las vomita para eliminarlas. Si tu gato vomita bolas de pelo con frecuencia, puedes ayudarle cepillándolo regularmente para reducir la cantidad de pelo suelto que ingiere. Además, existen alimentos y golosinas especiales diseñados para ayudar a prevenir las bolas de pelo.

Otra causa común de vómitos frecuentes es la alimentación rápida o el comer en exceso. Algunos gatos comen tan rápido que ingieren una gran cantidad de aire junto con la comida, lo que puede causar malestar estomacal y vómitos. Para reducir este problema, puedes intentar dividir las comidas en porciones más pequeñas y alimentarlo varias veces al día en lugar de una o dos grandes comidas. También puedes usar un comedero especial que ralentice la velocidad de ingestión de tu gato.

Las alergias o intolerancias alimentarias también pueden causar vómitos en gatos. Algunos gatos pueden ser alérgicos o intolerantes a ciertos ingredientes en su comida, como ciertos tipos de proteínas o aditivos. Si sospechas que la dieta de tu gato puede ser la causa, consulta a tu veterinario sobre la posibilidad de cambiar a una dieta hipoalergénica o a una comida con ingredientes limitados para identificar y eliminar los posibles alérgenos.

Las infecciones gastrointestinales y los parásitos internos, como los gusanos intestinales, pueden ser otra causa de vómitos frecuentes. Las infecciones pueden ser causadas por bacterias, virus o parásitos y pueden irritar el revestimiento del estómago y los intestinos de tu gato. Si tu gato muestra otros síntomas, como diarrea, pérdida de peso o letargo, es importante llevarlo al veterinario para un examen y tratamiento adecuados. El veterinario puede recomendar desparasitaciones regulares y pruebas de diagnóstico para identificar infecciones subyacentes.

Enfermedades crónicas como la enfermedad inflamatoria intestinal (EII) o la pancreatitis también pueden causar vómitos recurrentes. Estas condiciones son más difíciles de diagnosticar y manejar, pero con la ayuda de un veterinario, se pueden desarrollar planes de tratamiento adecuados. Esto puede incluir cambios en la dieta, medicamentos y terapias de soporte.

La insuficiencia renal es otra condición que puede provocar vómitos frecuentes en gatos, especialmente en gatos mayores. Los riñones juegan un papel crucial en la eliminación de toxinas del cuerpo, y cuando no funcionan correctamente, estas toxinas se acumulan y pueden causar malestar estomacal. Otros síntomas de la insuficiencia renal incluyen aumento de la sed, aumento de la micción, pérdida de peso y letargo. Un veterinario puede realizar pruebas de sangre y orina para diagnosticar esta condición y recomendar un tratamiento adecuado, que puede incluir una dieta especial y medicamentos.

El estrés y la ansiedad también pueden contribuir a los vómitos en gatos. Los gatos son muy sensibles a los cambios en su entorno, como mudanzas, la llegada de nuevos miembros a la familia o cambios en su rutina diaria. El estrés puede manifestarse en problemas gastrointestinales, incluidos los vómitos. Proporcionar un entorno seguro y predecible, enriquecimiento ambiental y tiempo de calidad con tu gato puede ayudar a reducir el estrés.

La ingestión de sustancias tóxicas o cuerpos extraños también puede causar vómitos. Los gatos son curiosos por naturaleza y pueden ingerir plantas tóxicas, productos químicos domésticos o pequeños objetos que pueden causar irritación o bloqueo en el tracto gastrointestinal. Si sospechas que tu gato ha ingerido algo tóxico, llévalo al veterinario de inmediato.

¿Cómo puedo prevenir las bolas de pelo en mi gato?

Prevenir las bolas de pelo en tu gato es fundamental para su bienestar, ya que estas pueden causar malestar y problemas de salud si no se manejan adecuadamente. Las bolas de pelo se forman cuando los gatos se acicalan y tragan pelo suelto, que luego se acumula en su estómago. Afortunadamente, hay varias estrategias efectivas que puedes implementar para reducir la formación de bolas de pelo y mantener a tu gato saludable y cómodo.

Primero, el cepillado regular es esencial. Al cepillar a tu gato con frecuencia, especialmente si tiene pelo largo, puedes eliminar gran parte del pelo suelto antes de que tenga la oportunidad de ser ingerido. Usa un cepillo o peine adecuado para el tipo de pelaje de tu gato. Para gatos de pelo corto, un cepillo de goma o un peine de dientes finos puede ser suficiente. Para gatos de pelo largo, un peine de dientes anchos y un cepillo de cerdas suaves pueden ayudar a deshacerse del pelo enredado y suelto. Haz del cepillado una parte regular de la rutina de tu gato, idealmente a diario o al menos varias veces a la semana.

La dieta también juega un papel crucial en la prevención de las bolas de pelo. Alimentos de alta calidad diseñados específicamente para la salud del pelaje y la piel pueden ayudar a reducir la cantidad de pelo que tu gato pierde. Algunos alimentos comerciales están formulados específicamente para prevenir las bolas de pelo y contienen fibras especiales que ayudan a que el pelo ingerido pase más fácilmente a través del sistema digestivo del gato. Consulta con tu veterinario sobre las mejores opciones de alimentos para tu gato.

Además de una dieta adecuada, asegúrate de que tu gato se mantenga bien hidratado. La hidratación es esencial para una digestión saludable y puede ayudar a que el pelo ingerido pase más fácilmente a través del sistema digestivo. Asegúrate de que tu gato siempre tenga acceso a agua fresca y limpia. Algunos gatos prefieren beber agua en movimiento, por lo que una fuente de agua para gatos puede ser una buena inversión para fomentar la ingesta de agua.

El uso de productos específicos para prevenir las bolas de pelo también puede ser beneficioso. Hay suplementos y pastas que contienen lubricantes suaves diseñados para ayudar a que el pelo pase a través del sistema digestivo sin causar problemas. Estos productos suelen ser saborizados para que sean atractivos para los gatos. Sigue las instrucciones del producto y consulta con tu veterinario antes de comenzar cualquier suplemento nuevo.

El enriquecimiento ambiental y el ejercicio también son importantes. Un gato activo y mentalmente estimulado tiende a acicalarse menos obsesivamente. Proporciona juguetes interactivos, rascadores, y oportunidades para trepar y explorar. Dedica tiempo cada día para jugar con tu gato, lo que no solo reducirá el aburrimiento y el estrés, sino que también promoverá una mejor salud física y mental.

Si tu gato muestra signos de estrés, considera maneras de reducirlo. El estrés puede aumentar el acicalamiento compulsivo, lo que a su vez puede aumentar la ingestión de pelo. Crea un entorno tranquilo y predecible para tu gato, con lugares seguros donde pueda retirarse. Los feromonas sintéticas, como los difusores Feliway, pueden ayudar a crear un ambiente más relajado para tu gato.

Es importante también estar atento a la salud general de tu gato. Problemas de piel, alergias o parásitos pueden aumentar la pérdida de pelo y el acicalamiento. Si notas enrojecimiento, irritación o pérdida excesiva de pelo, lleva a tu gato al veterinario para una evaluación. El tratamiento de cualquier problema subyacente puede ayudar a reducir la formación de bolas de pelo.

¿Qué debo hacer si mi gato tiene pulgas?

Si descubres que tu gato tiene pulgas, es importante actuar rápidamente para tratar la infestación y prevenir futuras ocurrencias. Las pulgas no solo causan molestias a tu gato, sino que también pueden transmitir enfermedades y causar problemas de salud, como dermatitis alérgica por pulgas y anemia. Aquí te explico detalladamente qué debes hacer para abordar este problema de manera efectiva.

Primero, confirma la presencia de pulgas en tu gato. Los signos comunes incluyen picazón intensa, morder o lamer excesivamente ciertas áreas del cuerpo, pérdida de pelo y la presencia de pequeñas manchas negras en el pelaje, que son heces de pulgas. Puedes usar un peine de pulgas, que tiene dientes muy finos, para peinar el pelaje de tu gato. Si encuentras pulgas vivas o sus heces, es hora de tomar medidas.

El siguiente paso es tratar a tu gato con un producto antipulgas adecuado. Existen varios tipos de tratamientos disponibles, incluyendo pipetas spot-on, comprimidos orales, collares antipulgas y champús medicados. Las pipetas spot-on son muy efectivas y fáciles de aplicar: simplemente aplica el producto en la base del cuello de tu gato, siguiendo las instrucciones del fabricante. Los comprimidos orales son otra opción efectiva y deben ser administrados según las indicaciones del veterinario. Los collares antipulgas pueden proporcionar protección a largo plazo, pero asegúrate de elegir uno que sea seguro y efectivo para gatos.

Es crucial seguir las instrucciones del producto y usar solo tratamientos diseñados específicamente para gatos, ya que algunos productos para perros pueden ser tóxicos para ellos. Si no estás seguro de qué producto usar, consulta a tu veterinario para obtener una recomendación.

Además de tratar a tu gato, es esencial limpiar y tratar el entorno para eliminar las pulgas y sus huevos. Lava la ropa de cama, las mantas y cualquier tela con la que tu gato haya estado en contacto en agua caliente. Aspira todas las alfombras, tapetes y muebles para eliminar los huevos y las larvas de pulgas que puedan estar presentes. Asegúrate de vaciar el contenido de la aspiradora inmediatamente en una bolsa sellada fuera de la casa para evitar la reinfestación.

Considera usar un aerosol o nebulizador antipulgas para tratar tu hogar, especialmente en áreas donde tu gato pasa mucho tiempo. Estos productos ayudan a eliminar las pulgas adultas y sus etapas inmaduras en el entorno. Sigue las instrucciones del producto cuidadosamente y asegúrate de que todos los miembros de la familia, incluidos otros animales domésticos, estén fuera de la casa durante la aplicación y hasta que sea seguro regresar.

La prevención es clave para evitar futuras infestaciones. Usa regularmente un tratamiento preventivo antipulgas para tu gato, como una pipeta spot-on o un collar antipulgas. Consulta a tu veterinario para establecer un plan de prevención adecuado para tu mascota. Además, mantén tu hogar limpio y libre de polvo, y lava regularmente la ropa de cama de tu gato.

También es importante revisar a tu gato regularmente en busca de signos de pulgas, especialmente si pasa tiempo al aire libre o si tiene contacto con otros animales. Las revisiones periódicas con el peine de pulgas pueden ayudar a detectar cualquier problema temprano y evitar que se convierta en una infestación.

Si tienes más de un animal en casa, asegúrate de tratar a todos los animales al mismo tiempo, incluso si solo uno muestra signos de pulgas. Las pulgas pueden pasar fácilmente de un animal a otro, y tratar solo a uno no resolverá el problema.

En casos de infestaciones graves o recurrentes, es posible que necesites la ayuda de un exterminador profesional para tratar tu hogar y eliminar completamente las pulgas. No dudes en buscar ayuda profesional si tus propios esfuerzos no logran controlar la situación.

¿Cómo puedo cuidar los dientes de mi gato?

Cuidar los dientes de tu gato es esencial para su salud general y bienestar. La salud dental en gatos es a menudo pasada por alto, pero problemas como la acumulación de placa, el sarro, la gingivitis y las enfermedades periodontales pueden causar dolor, infecciones y otros problemas de salud graves. Aquí te explicaré de manera detallada cómo puedes cuidar los dientes de tu gato para mantener su boca saludable.

Primero, es importante establecer una rutina regular de cepillado de dientes. Aunque puede parecer un desafío al principio, muchos gatos pueden acostumbrarse al cepillado dental con paciencia y entrenamiento gradual. Usa un cepillo de dientes diseñado específicamente para gatos o un dedal de goma con cerdas suaves. Nunca uses pasta dental para humanos, ya que puede ser tóxica para los gatos. En su lugar, utiliza una pasta dental formulada para gatos, que suele estar disponible en sabores atractivos como pollo o pescado.

Para comenzar, acostumbra a tu gato a que le toquen la boca. Puedes hacer esto suavemente acariciando sus labios y levantando los labios para exponer los dientes. Haz esto durante unos minutos cada día hasta que tu gato se sienta cómodo. Luego, introduce la pasta dental para gatos, dejando que la lama de tu dedo para que se acostumbre al sabor.

Una vez que tu gato esté cómodo con estos pasos, introduce el cepillo de dientes o el dedal. Coloca una pequeña cantidad de pasta dental en el cepillo y, con movimientos suaves y circulares, cepilla los dientes y las encías de tu gato. Concéntrate en la línea de las encías, donde la placa y el sarro tienden a acumularse. Comienza con sesiones cortas y aumenta gradualmente el tiempo a medida que tu gato se acostumbre al proceso. La consistencia es clave, así que intenta cepillar los dientes de tu gato al menos varias veces a la semana.

Además del cepillado regular, proporcionar juguetes y alimentos diseñados para la salud dental puede ser beneficioso. Los juguetes dentales están hechos de materiales especiales que ayudan a limpiar los dientes y masajear las encías mientras tu gato juega con ellos. Algunos alimentos secos y golosinas están formulados para ayudar a reducir la placa y el sarro. Busca productos que estén aprobados por veterinarios y que tengan la etiqueta de la Asociación Veterinaria de Salud Oral (VOHC, por sus siglas en inglés).

Otro aspecto importante es la dieta de tu gato. Una dieta equilibrada y de alta calidad contribuye a la salud dental. Los alimentos secos pueden ayudar a reducir la acumulación de placa y sarro, aunque no son un sustituto del cepillado regular. Considera incluir alimentos formulados específicamente para la salud dental como parte de la dieta de tu gato, y consulta con tu veterinario para recomendaciones específicas.

Las revisiones regulares con el veterinario son fundamentales para mantener la salud dental de tu gato. Durante estas visitas, el veterinario puede realizar un examen dental completo y detectar cualquier problema temprano. Es posible que también recomienden limpiezas dentales profesionales bajo anestesia, especialmente si hay una acumulación significativa de placa y sarro o signos de enfermedad periodontal.

Los signos de problemas dentales en gatos pueden incluir mal aliento, encías rojas o inflamadas, pérdida de apetito, dificultad para comer, y babeo excesivo. Si notas alguno de estos síntomas, lleva a tu gato al veterinario para una evaluación. El tratamiento temprano puede prevenir problemas más graves y dolorosos.

¿Por qué mi gato bebe mucha agua?

Si has notado que tu gato está bebiendo más agua de lo habitual, es natural que te preocupes y te preguntes cuál podría ser la causa. Un aumento en el consumo de agua, conocido como polidipsia, puede ser un indicio de varios problemas de salud subyacentes, y es importante entender las posibles razones y cómo abordar esta situación adecuadamente.

Una de las causas más comunes de aumento en el consumo de agua en gatos es la enfermedad renal crónica. Los riñones de los gatos mayores a menudo comienzan a fallar con el tiempo, lo que les impide concentrar la orina adecuadamente. Como resultado, el gato produce más orina y bebe más agua para compensar la pérdida de líquidos. Además del aumento en el consumo de agua, otros síntomas de enfermedad renal incluyen pérdida de apetito, pérdida de peso, letargo y mal aliento. Si sospechas que tu gato podría tener problemas renales, es crucial llevarlo al veterinario para un examen y pruebas de sangre y orina.

La diabetes mellitus es otra condición que puede causar polidipsia en gatos. En los gatos diabéticos, el cuerpo no produce suficiente insulina o no puede usarla de manera efectiva, lo que lleva a niveles elevados de glucosa en sangre. Los riñones intentan eliminar el exceso de glucosa a través de la orina, lo que resulta en un aumento de la micción y, por ende, un mayor consumo de agua. Los gatos con diabetes también pueden mostrar signos como aumento del apetito, pérdida de peso y debilidad. Un veterinario puede diagnosticar la diabetes mediante pruebas de sangre y orina, y recomendar un plan de tratamiento adecuado, que puede incluir insulina y cambios en la dieta.

El hipertiroidismo es otra posible causa de aumento en el consumo de agua. Esta condición, común en gatos mayores, ocurre cuando la glándula tiroides produce demasiada hormona tiroidea. Los gatos con hipertiroidismo suelen ser hiperactivos, comer en exceso y perder peso a pesar de tener un apetito voraz. También pueden beber y orinar más de lo normal. Un análisis de sangre puede ayudar a diagnosticar el hipertiroidismo, y hay varios tratamientos disponibles, incluyendo medicamentos, dieta especial o cirugía.

Las infecciones del tracto urinario (ITU) también pueden llevar a un aumento en el consumo de agua. Los gatos con ITU pueden sentir la necesidad de orinar con más frecuencia y pueden beber más agua para aliviar la irritación. Otros síntomas de ITU incluyen orinar fuera de la caja de arena, sangre en la orina y dolor al orinar. Un veterinario puede diagnosticar una ITU mediante un análisis de orina y prescribir antibióticos para tratar la infección.

La dieta de tu gato también puede influir en su consumo de agua. Los gatos que comen principalmente alimentos secos tienden a beber más agua que los que consumen alimentos húmedos, ya que los alimentos secos tienen un menor contenido de humedad. Si has cambiado recientemente la dieta de tu gato a alimentos secos, esto podría explicar el aumento en el consumo de agua. Considera ofrecer una combinación de alimentos secos y húmedos para asegurar una hidratación adecuada.

El calor y el ejercicio también pueden aumentar la sed de tu gato. En climas cálidos o si tu gato ha estado más activo de lo habitual, es normal que beba más agua para mantenerse hidratado. Asegúrate de proporcionar siempre agua fresca y limpia para que tu gato pueda beber cuando lo necesite.

El estrés y la ansiedad pueden ser factores adicionales que influyen en el consumo de agua. Los cambios en el entorno, como mudanzas, la llegada de nuevos miembros a la familia o la presencia de otros animales, pueden causar estrés en tu gato y llevar a un aumento en el consumo de agua. Proporcionar un entorno seguro y predecible, así como enriquecimiento ambiental, puede ayudar a reducir el estrés y normalizar el comportamiento de bebida de tu gato.

¿Qué significa cuando mi gato ronronea?

El ronroneo es uno de los sonidos más característicos y fascinantes de los gatos, y entender su significado puede ayudarte a conocer mejor a tu felino. Aunque a menudo asociamos el ronroneo con la felicidad y la satisfacción, este comportamiento tiene múltiples significados y puede ocurrir en una variedad de situaciones.

Primero, es importante saber cómo y por qué los gatos ronronean. El ronroneo es producido por una combinación de movimientos rápidos de los músculos de la laringe (caja de voz) y el diafragma mientras el gato inhala y exhala. Estos movimientos hacen que las cuerdas vocales vibren, creando el sonido rítmico y reconfortante que conocemos como ronroneo. Este sonido puede variar en volumen y tono, y cada gato tiene un ronroneo único.

Uno de los contextos más comunes en los que los gatos ronronean es cuando están contentos y relajados. Si tu gato está acurrucado en tu regazo, recibiendo caricias o simplemente disfrutando de tu compañía, es probable que ronronee para expresar su satisfacción. Este tipo de ronroneo suele ir acompañado de otros signos de relajación, como ojos medio cerrados, movimientos lentos de la cola y un cuerpo relajado. Es una señal de que tu gato se siente seguro y feliz en tu presencia.

Sin embargo, el ronroneo no siempre indica felicidad. Los gatos también pueden ronronear cuando están nerviosos, asustados o en dolor. Por ejemplo, un gato puede ronronear en la consulta del veterinario o después de una lesión. En estos casos, el ronroneo puede servir como una forma de autocalmarse. Se cree que el sonido y la vibración del ronroneo tienen un efecto relajante en los gatos, ayudándoles a reducir el estrés y el dolor. Además, el ronroneo puede tener propiedades curativas, ya que las vibraciones de baja frecuencia pueden promover la curación de tejidos y huesos.

Los gatos también pueden ronronear como una forma de comunicación. Las madres gatos y sus gatitos a menudo ronronean entre sí desde una edad muy temprana. Los gatitos comienzan a ronronear mientras amamantan, lo que puede ser una forma de decirle a la madre que están seguros y cómodos. Las madres también ronronean para tranquilizar a sus gatitos y fortalecer el vínculo entre ellos.

En algunos casos, los gatos pueden ronronear para pedir algo, como comida o atención. Si tu gato se acerca a ti, ronroneando intensamente y frotándose contra tus piernas, es probable que esté tratando de llamar tu atención para obtener algo que necesita. Este tipo de ronroneo suele ir acompañado de otros comportamientos de solicitud, como mirar fijamente, maullar o dar pequeños golpecitos con la pata.

Es importante observar el contexto y el lenguaje corporal de tu gato para interpretar correctamente su ronroneo. Si tu gato está ronroneando mientras muestra signos de estrés, como orejas hacia atrás, pupilas dilatadas o una postura tensa, es probable que el ronroneo esté relacionado con la incomodidad o el miedo. Por otro lado, si tu gato está ronroneando mientras se frota contra ti, se estira y parece relajado, es una señal de que está contento y disfruta de tu compañía.

También hay situaciones en las que los gatos ronronean de manera casi automática o inconsciente, similar a cómo los humanos pueden tararear sin darse cuenta. En estos casos, el ronroneo puede no tener un significado específico, sino simplemente ser una expresión de comodidad general.

¿Cómo puedo evitar que
mi gato mastique plantas?

Evitar que tu gato mastique plantas puede ser un desafío, pero es importante hacerlo para proteger tanto a tu gato como a tus plantas. Los gatos pueden sentirse atraídos por las plantas por varias razones, como curiosidad, aburrimiento o incluso por una deficiencia nutricional. Aquí te explico de manera detallada cómo puedes prevenir este comportamiento de manera efectiva.

Primero, es fundamental identificar y retirar las plantas que son tóxicas para los gatos. Muchas plantas comunes, como los lirios, la hiedra, el filodendro y el aloe vera, pueden ser peligrosas si son ingeridas. Revisa las plantas que tienes en casa y compara con una lista de plantas tóxicas para gatos. Si tienes plantas tóxicas, es mejor retirarlas del hogar o colocarlas en lugares inaccesibles para tu gato, como estanterías altas o habitaciones cerradas.

Para las plantas no tóxicas que deseas conservar, puedes utilizar varias estrategias para hacerlas menos atractivas para tu gato. Una opción es rociar las hojas con un repelente comercial para gatos, disponible en tiendas de mascotas. Estos repelentes suelen tener olores y sabores desagradables para los gatos, disuadiéndolos de masticar las plantas. También puedes hacer un repelente casero usando jugo de limón, vinagre o una mezcla de agua con unas gotas de aceite esencial de cítricos, ya que a muchos gatos no les gusta el olor de los cítricos.

Otra estrategia efectiva es cubrir la tierra de las macetas con piedras, conchas o malla de alambre. Esto puede desalentar a tu gato de cavar en la tierra y, por ende, de masticar las plantas. Asegúrate de que los materiales que uses sean seguros y no representen un riesgo de asfixia.

Proporcionar alternativas atractivas y seguras es crucial para redirigir el comportamiento de masticar plantas. Los gatos necesitan algo para satisfacer su instinto natural de masticar y explorar con la boca. Puedes plantar hierba gatera (catnip) o hierba para gatos (cat grass) en macetas accesibles para tu gato. Estas plantas no solo son seguras, sino que también pueden ser beneficiosas para la digestión de tu gato y ayudar a mantener su interés lejos de las otras plantas de la casa.

El enriquecimiento ambiental y la estimulación mental también son vitales para prevenir el comportamiento destructivo. Asegúrate de que tu gato tenga suficientes juguetes interactivos, rascadores y áreas para trepar. Jugar regularmente con tu gato y proporcionarle actividades que mantengan su mente ocupada puede reducir su interés en las plantas.

Además, considera la posibilidad de que tu gato esté masticando plantas debido a una deficiencia nutricional. Consulta a tu veterinario para asegurarte de que tu gato esté recibiendo una dieta equilibrada que satisfaga todas sus necesidades nutricionales. A veces, los gatos mastican plantas porque buscan nutrientes adicionales o fibra.

El entrenamiento positivo también puede ser una herramienta útil. Si sorprendes a tu gato masticando una planta, llévalo suavemente lejos de la planta y ofrécele una alternativa segura, como una golosina o un juguete. Recompensa a tu gato cuando elija masticar la alternativa en lugar de la planta. Con el tiempo, tu gato aprenderá a asociar las alternativas seguras con recompensas positivas.

Si tu gato persiste en masticar plantas a pesar de tus esfuerzos, puedes intentar usar una barrera física para proteger las plantas. Colocar plantas dentro de terrarios de vidrio o detrás de barreras de plástico transparente puede mantenerlas a salvo mientras permite que sigan recibiendo luz y aire.

¿Qué debo hacer si mi gato tiene diarrea?

Si tu gato tiene diarrea, es importante abordar el problema con cuidado y rapidez, ya que la diarrea puede llevar a deshidratación y a otros problemas de salud si no se trata adecuadamente. Aquí te explico de manera detallada qué hacer para manejar esta situación y ayudar a tu gato a recuperarse.

Primero, observa y evalúa la situación. Determina si la diarrea es un episodio aislado o si ha persistido durante más de un día. También es importante notar si hay otros síntomas presentes, como vómitos, letargo, pérdida de apetito, sangre en las heces o dolor abdominal. Si tu gato muestra alguno de estos síntomas adicionales, es crucial contactar a tu veterinario de inmediato, ya que pueden indicar una condición más seria.

Mientras tanto, asegúrate de que tu gato tenga acceso constante a agua fresca y limpia. La diarrea puede causar deshidratación rápidamente, especialmente en gatitos y gatos mayores. Puedes animar a tu gato a beber más agua ofreciendo una fuente de agua en movimiento o añadiendo un poco de caldo de pollo sin sal al agua para hacerla más atractiva.

En cuanto a la alimentación, es recomendable retirar la comida durante 12-24 horas para darle al sistema digestivo de tu gato un descanso, pero no retires el agua. Después de este periodo de ayuno, reintroduce la comida de manera gradual con una dieta blanda y fácil de digerir. El pollo cocido sin piel y sin huesos, mezclado con arroz blanco o calabaza enlatada sin condimentos, es una opción común. Alimenta a tu gato con pequeñas porciones varias veces al día en lugar de una o dos comidas grandes.

Observa cómo responde tu gato a la dieta blanda. Si la diarrea mejora después de uno o dos días, puedes comenzar a reintroducir su comida regular gradualmente, mezclándola con la dieta blanda y aumentando la proporción de comida regular con el tiempo. Sin embargo, si la diarrea persiste o empeora, es crucial buscar atención veterinaria.

Además de los cambios en la dieta, es importante mantener un entorno limpio para tu gato. Limpia la caja de arena con frecuencia para evitar la acumulación de heces y reducir el riesgo de infecciones secundarias. También es una buena idea desinfectar el área donde tu gato pasa la mayor parte de su tiempo, especialmente si la diarrea ha sido grave.

Existen varias causas posibles de diarrea en gatos, que van desde cambios en la dieta, infecciones bacterianas o virales, parásitos intestinales, estrés, intolerancias alimentarias hasta enfermedades crónicas como la enfermedad inflamatoria intestinal o problemas pancreáticos. Un veterinario puede realizar pruebas para identificar la causa subyacente de la diarrea y recomendar el tratamiento adecuado.

En algunos casos, el veterinario puede recetar medicamentos específicos para tratar la diarrea, como antibióticos para infecciones bacterianas o medicamentos antiparasitarios si se detectan parásitos. También pueden recomendar probióticos para ayudar a restablecer el equilibrio de la flora intestinal de tu gato.

Si la diarrea de tu gato se debe al estrés, como una mudanza reciente o la llegada de un nuevo miembro de la familia, es importante proporcionar un entorno tranquilo y predecible. Asegúrate de que tu gato tenga un lugar seguro donde pueda retirarse y considerar el uso de feromonas sintéticas, como difusores Feliway, para ayudar a reducir el estrés.

Es fundamental estar atento a cualquier signo de deshidratación en tu gato. Los signos de deshidratación incluyen encías secas y pegajosas, piel que no regresa rápidamente a su lugar cuando se pellizca suavemente (turgencia de la piel), y ojos hundidos. Si sospechas que tu gato está deshidratado, busca atención veterinaria de inmediato, ya que la deshidratación puede ser peligrosa.

¿Por qué mi gato orina
fuera de la caja de arena?

Si tu gato está orinando fuera de la caja de arena, es importante abordar este comportamiento de inmediato, ya que puede ser un signo de problemas médicos o de comportamiento. Aquí te explico de manera exhaustiva las posibles causas y cómo puedes resolver este problema para asegurarte de que tu gato vuelva a usar su caja de arena de manera adecuada.

Primero, considera las posibles causas médicas. Las infecciones del tracto urinario (ITU), la cistitis intersticial, los cálculos urinarios y la insuficiencia renal pueden causar dolor y malestar al orinar, lo que puede llevar a tu gato a asociar la caja de arena con ese dolor y evitarla. Si tu gato muestra otros síntomas como dolor al orinar, sangre en la orina, esfuerzo excesivo, aumento en la frecuencia de la micción o letargo, es crucial llevarlo al veterinario para una evaluación y tratamiento adecuado. Un veterinario puede realizar análisis de orina y otras pruebas para diagnosticar cualquier condición médica subyacente.

El estrés y la ansiedad son también causas comunes de que los gatos orinen fuera de la caja de arena. Los gatos son animales muy sensibles y pueden ser afectados por cambios en su entorno, como una mudanza, la llegada de un nuevo miembro a la familia, la presencia de otros animales, o incluso cambios en la rutina diaria. Si sospechas que el estrés es el motivo, intenta identificar y minimizar los factores estresantes. Proporciona un entorno tranquilo y seguro para tu gato, con lugares donde pueda retirarse y sentirse protegido. El uso de feromonas sintéticas, como los difusores Feliway, puede ayudar a reducir el estrés y promover un comportamiento más tranquilo.

La limpieza y el mantenimiento de la caja de arena son cruciales. A los gatos les gusta que su caja de arena esté limpia y libre de olores fuertes. Si la caja de arena está sucia o tiene un olor desagradable, tu gato puede optar por orinar en otro lugar. Asegúrate de limpiar la caja de arena al menos una vez al día y cambiar la arena completamente regularmente. Usa una arena de buena calidad que absorba bien los olores y sea cómoda para tu gato. Evita usar limpiadores fuertes o perfumados que puedan disuadir a tu gato de usar la caja.

El tipo y la ubicación de la caja de arena también pueden influir en el comportamiento de tu gato. Algunas cajas de arena pueden ser demasiado pequeñas, incómodas o difíciles de acceder para tu gato. Si tienes un gato mayor o con problemas de movilidad, asegúrate de que la caja de arena tenga lados bajos para facilitar el acceso. Coloca la caja de arena en un lugar tranquilo y de fácil acceso, lejos de áreas ruidosas o con mucho tráfico. A los gatos les gusta tener privacidad cuando hacen sus necesidades, así que asegúrate de que el lugar elegido ofrezca cierta tranquilidad.

Si tienes varios gatos, puede haber problemas de territorialidad o competencia por el uso de la caja de arena. Una regla general es tener al menos una caja de arena por cada gato más una adicional. Por ejemplo, si tienes dos gatos, deberías tener al menos tres cajas de arena. Esto ayuda a reducir la competencia y asegura que cada gato tenga acceso a una caja de arena limpia.

Considera también si has hecho cambios recientes en la arena o la caja de arena. A los gatos no les gustan los cambios bruscos, por lo que si has cambiado la marca de la arena o el tipo de caja, tu gato puede estar reaccionando a eso. Si necesitas hacer un cambio, hazlo de manera gradual, mezclando la nueva arena con la antigua durante varios días hasta que tu gato se acostumbre.

El marcaje territorial puede ser otra razón por la cual tu gato orina fuera de la caja de arena. Los gatos, especialmente los machos no castrados, pueden marcar su territorio rociando orina en diferentes lugares de la casa. La castración o esterilización puede ayudar a reducir este comportamiento. Además, limpiar adecuadamente las áreas marcadas con un limpiador enzimático es esencial para eliminar completamente el olor y disuadir a tu gato de volver a marcar en el mismo lugar.

Si has descartado problemas médicos y de comportamiento y tu gato sigue orinando fuera de la caja de arena, puede ser útil consultar a un especialista en comportamiento animal. Ellos pueden ofrecerte estrategias adicionales y personalizadas para manejar y corregir este comportamiento.

¿Cómo puedo socializar a un gato tímido?

Socializar a un gato tímido puede ser un proceso delicado y gradual, pero con paciencia, amor y las estrategias correctas, puedes ayudar a tu gato a sentirse más seguro y cómodo en su entorno. Aquí te explico de manera exhaustiva cómo puedes socializar a tu gato tímido para que desarrolle confianza y se integre mejor en tu hogar.

Primero, es importante crear un entorno seguro y tranquilo para tu gato. Los gatos tímidos necesitan un espacio donde puedan sentirse protegidos y donde puedan retirarse cuando se sientan abrumados. Proporciona una habitación tranquila con escondites como cajas, camas cerradas o espacios debajo de los muebles. Este será su "refugio" donde pueda relajarse y sentirse seguro.

Para empezar a socializarlo, pasa tiempo en la misma habitación sin presionarlo a interactuar. Siéntate en el suelo o en una silla y permite que tu gato se acerque a ti cuando se sienta listo. Habla suavemente y de manera calmada para que se acostumbre a tu presencia y a tu voz. Puedes leer en voz alta o hablarle sobre tu día, lo que ayudará a que tu gato se familiarice con tu tono y ritmo de voz sin sentirse amenazado.

Usa golosinas para crear asociaciones positivas. Las golosinas pueden ser una excelente herramienta para atraer a tu gato y ayudarlo a asociar tu presencia con algo positivo. Coloca algunas golosinas cerca de ti y, con el tiempo, coloca algunas en tu mano abierta para que tenga que acercarse un poco más para tomarlas. Nunca fuerces a tu gato a acercarse; deja que lo haga a su propio ritmo.

El juego es otra forma efectiva de socializar a tu gato tímido. Usa juguetes interactivos como varitas con plumas, láseres o juguetes que imiten el movimiento de una presa. El juego no solo ayuda a tu gato a liberar energía y reducir el estrés, sino que también puede ser una forma divertida y no amenazante de acercarse a ti. Comienza jugando a cierta distancia y gradualmente acércate a medida que tu gato se sienta más cómodo.

Establecer una rutina diaria es crucial para los gatos tímidos. A los gatos les gusta la predictibilidad, y tener una rutina regular para la alimentación, el juego y el descanso puede ayudar a tu gato a sentirse más seguro. Alimenta a tu gato a la misma hora todos los días y establece horarios regulares para el tiempo de juego y la interacción.

La paciencia es clave. Cada gato es diferente, y algunos pueden tardar más tiempo que otros en salir de su caparazón. Nunca fuerces el contacto físico, ya que esto puede aumentar el miedo y la desconfianza. Deja que tu gato marque el ritmo de la socialización y respeta sus límites. A medida que tu gato se sienta más seguro, comenzará a acercarse más y a buscar más interacción.

Observa el lenguaje corporal de tu gato para entender mejor sus sentimientos y límites. Los signos de comodidad incluyen orejas hacia adelante, ronroneo, y acercarse a ti. Los signos de miedo o incomodidad pueden incluir orejas hacia atrás, pupilas dilatadas, esconderse o evitar el contacto visual. Si notas signos de incomodidad, da un paso atrás y permite que tu gato se retire a su espacio seguro.

Introducir a otras personas debe hacerse con cuidado. Pide a los visitantes que se sienten tranquilamente y permitan que el gato se acerque a ellos si lo desea. Proporciona golosinas a tus invitados para que las ofrezcan a tu gato, ayudando a crear una experiencia positiva con nuevas personas. Mantén las visitas cortas y sin ruido para no abrumar a tu gato.

Los feromonas sintéticas pueden ser útiles para reducir el estrés y la ansiedad en gatos tímidos. Productos como los difusores Feliway liberan feromonas que imitan las señales químicas naturales que los gatos usan para sentirse seguros. Estos productos pueden ayudar a crear un ambiente más relajante y reducir el miedo.

¿Cuáles son los mejores
juguetes para gatos?

Elegir los mejores juguetes para tu gato es fundamental para mantenerlo entretenido, estimulado mentalmente y físicamente activo. Los gatos tienen instintos naturales de caza y juego que deben ser satisfechos para su bienestar general. Aquí te explicaré en detalle cuáles son los tipos de juguetes más efectivos y cómo pueden beneficiar a tu gato.

Uno de los tipos más populares y efectivos de juguetes para gatos son las varitas con plumas. Estos juguetes imitan el movimiento de una presa, como un pájaro, y despiertan el instinto cazador de tu gato. Puedes mover la varita en diferentes direcciones, haciendo que las plumas vuelen y se muevan erráticamente, lo que atraerá la atención de tu gato y lo animará a saltar y correr. Este tipo de juego no solo proporciona ejercicio físico, sino que también es una excelente manera de fortalecer el vínculo entre tú y tu gato.

Los juguetes interactivos y los rompecabezas son otra excelente opción. Estos juguetes están diseñados para estimular mentalmente a tu gato y mantenerlo ocupado durante más tiempo. Por ejemplo, los dispensadores de golosinas requieren que tu gato manipule el juguete para obtener una recompensa, lo que puede ayudar a prevenir el aburrimiento y la ansiedad. Los rompecabezas alimenticios también son útiles para gatos que tienden a comer demasiado rápido, ya que los obliga a trabajar por su comida, ralentizando su ingesta.

Las pelotas son juguetes clásicos que pueden proporcionar horas de diversión. Las pelotas pequeñas y ligeras que pueden ser golpeadas y perseguidas son ideales para fomentar el ejercicio. Algunas pelotas están hechas de materiales que hacen ruido o tienen luces intermitentes, lo que puede hacerlas aún más atractivas para tu gato. También puedes encontrar pelotas con texturas interesantes que añaden un elemento táctil al juego.

Los juguetes de catnip, o hierba gatera, son muy populares entre los gatos. El catnip contiene un compuesto llamado nepetalactona que induce una respuesta de euforia temporal en muchos gatos. Los juguetes rellenos de catnip pueden hacer que tu gato se sienta más juguetón y activo. Sin embargo, no todos los gatos responden al catnip, así que prueba diferentes juguetes para ver cómo reacciona tu gato.

Los juguetes de peluche con forma de presa, como ratones o pájaros, son excelentes para que tu gato practique sus habilidades de caza. Estos juguetes suelen tener un tamaño y forma que facilitan el agarre y la mordida. Algunos incluso tienen texturas o sonidos que imitan a las presas reales, lo que puede hacerlos aún más atractivos para tu gato.

Las cajas y túneles son maravillosos para los gatos a los que les gusta esconderse y explorar. Una simple caja de cartón puede proporcionar horas de entretenimiento, ya que a los gatos les encanta esconderse, saltar y jugar dentro de ella. Los túneles para gatos, que a menudo están hechos de tela y tienen múltiples salidas, pueden ser especialmente emocionantes para los gatos que disfrutan de perseguir y emboscar.

Los juguetes tecnológicos, como los punteros láser y los juguetes electrónicos, pueden ofrecer una forma moderna de mantener a tu gato entretenido. Los punteros láser permiten que tu gato persiga el punto de luz por toda la habitación, proporcionando un excelente ejercicio cardiovascular. Sin embargo, es importante terminar el juego con un objeto físico que tu gato pueda atrapar para evitar la frustración. Los juguetes electrónicos, que se mueven automáticamente y cambian de dirección, pueden mantener a tu gato entretenido incluso cuando no estás en casa.

Es importante rotar los juguetes de tu gato regularmente para mantener su interés. Los gatos pueden aburrirse de los mismos juguetes si los tienen siempre disponibles. Al rotar los juguetes, mantienes la novedad y la excitación del juego, lo que puede ayudar a prevenir el comportamiento destructivo causado por el aburrimiento.

¿Cómo puedo proteger a mi gato del frío?

Proteger a tu gato del frío es esencial para mantener su salud y bienestar durante los meses más fríos del año. Los gatos son sensibles a las bajas temperaturas, y aunque muchos tienen un pelaje que les proporciona cierta protección, aún pueden sufrir los efectos del frío extremo. Aquí te explico de manera detallada cómo puedes proteger a tu gato del frío y asegurarte de que esté cómodo y seguro.

Primero, asegúrate de que tu gato tenga acceso a un refugio cálido y protegido en todo momento. Si tu gato vive principalmente en el interior, mantén la casa a una temperatura confortable y asegúrate de que no haya corrientes de aire frío. Los gatos a menudo buscan lugares cálidos y acogedores, así que proporciona varias camas y mantas en diferentes áreas de la casa. Las camas elevadas pueden ser especialmente útiles, ya que el aire frío tiende a acumularse cerca del suelo.

Si tu gato pasa tiempo al aire libre, es crucial proporcionar un refugio adecuado donde pueda mantenerse caliente. Una caseta para gatos bien aislada puede ser una excelente opción. Asegúrate de que la caseta esté elevada del suelo y tenga paredes y techo aislantes para proteger contra el viento y la humedad. Coloca mantas o paja en el interior para proporcionar una cama cálida y cómoda. Evita usar toallas o trapos, ya que pueden retener la humedad y enfriarse.

La alimentación adecuada también es importante para ayudar a tu gato a mantener su calor corporal. Durante los meses fríos, los gatos pueden necesitar más calorías para mantener su temperatura corporal. Consulta con tu veterinario para ajustar la dieta de tu gato si es necesario. Proporciona comida húmeda, ya que puede ser más apetitosa y mantener mejor la hidratación, pero asegúrate de que no se congele si se sirve al aire libre. Mantén el agua fresca y evita que se congele utilizando platos calefaccionados si es necesario.

El ejercicio y la actividad física son cruciales para mantener la circulación y generar calor. Juega regularmente con tu gato para mantenerlo activo y animado. Los juguetes interactivos y las sesiones de juego en el interior pueden ayudar a mantener a tu gato en movimiento y evitar que se enfríe.

Considera usar ropa para gatos, especialmente si tienes un gato de pelo corto o sin pelo, como el Sphynx. Un suéter o chaqueta para gatos puede proporcionar una capa adicional de calor cuando las temperaturas bajan. Asegúrate de que la ropa sea cómoda y no restrinja el movimiento de tu gato.

Si tu gato tiene acceso al exterior, revisa regularmente las áreas donde suele pasar tiempo. Asegúrate de que no haya peligros como anticongelantes derramados, que son extremadamente tóxicos, o lugares donde pueda quedar atrapado o mojado. Limita el tiempo que tu gato pasa al aire libre en temperaturas extremadamente frías y trae a tu gato adentro durante la noche o cuando hace mucho frío.

También es importante revisar las patas de tu gato después de que haya estado afuera. La nieve, el hielo y la sal de las aceras pueden irritar sus patas y causar problemas. Limpia suavemente sus patas con un paño húmedo y cálido para eliminar cualquier residuo y asegúrate de que no haya cortes o irritaciones.

Durante los meses fríos, los gatos pueden buscar fuentes de calor como radiadores, calentadores y chimeneas. Asegúrate de que estas áreas sean seguras y de que tu gato no pueda quemarse accidentalmente. Usa protectores o barreras alrededor de las fuentes de calor para evitar accidentes.

Presta atención a los signos de hipotermia en tu gato, como temblores, letargo, debilidad y respiración superficial. Si sospechas que tu gato está sufriendo de hipotermia, llévalo a un lugar cálido de inmediato y contacta a tu veterinario para recibir atención médica.

¿Qué hago si mi gato está constipado?

Si tu gato está constipado, es importante abordar el problema de inmediato para evitar complicaciones mayores. La constipación en gatos puede ser incómoda y dolorosa, y en casos graves puede llevar a problemas de salud más serios. Aquí te explico de manera detallada qué hacer si tu gato está constipado, desde identificar los síntomas hasta los posibles tratamientos y medidas preventivas.

Primero, es crucial reconocer los signos de constipación en tu gato. Los síntomas incluyen esfuerzo al intentar defecar, producción de heces pequeñas y duras, ausencia de defecación durante varios días, pérdida de apetito, letargo, dolor abdominal y, en algunos casos, vómitos. Si notas alguno de estos signos, es hora de tomar acción.

La hidratación es uno de los factores más importantes para prevenir y tratar la constipación. Asegúrate de que tu gato esté bien hidratado, ya que la deshidratación puede causar que las heces se sequen y se vuelvan difíciles de pasar. Proporciona siempre agua fresca y limpia. Algunos gatos prefieren beber de fuentes de agua en movimiento, por lo que una fuente de agua para gatos puede incentivar la ingesta de líquidos.

La dieta de tu gato también juega un papel crucial. Alimentar a tu gato con comida húmeda en lugar de solo comida seca puede ayudar a aumentar su ingesta de agua y mantener sus heces más suaves. Además, asegúrate de que su dieta sea rica en fibra, lo cual puede ayudar a regular el tránsito intestinal. Consulta a tu veterinario sobre la posibilidad de añadir una pequeña cantidad de calabaza enlatada sin azúcar ni especias a la comida de tu gato, ya que la fibra de la calabaza puede ayudar a aliviar la constipación.

El ejercicio regular es esencial para mantener un sistema digestivo saludable. Asegúrate de que tu gato tenga suficientes oportunidades para moverse y jugar. El ejercicio no solo ayuda a estimular el tránsito intestinal, sino que también mejora la salud general de tu gato.

Si tu gato está constipado, puedes intentar un masaje abdominal suave para ayudar a estimular el intestino. Coloca a tu gato en una posición cómoda y usa tus dedos para masajear suavemente su abdomen en movimientos circulares. Sin embargo, ten cuidado de no aplicar demasiada presión, ya que esto podría causar incomodidad.

A veces, los gatos pueden beneficiarse de suplementos o medicamentos para aliviar la constipación. El aceite de oliva o el aceite mineral, administrado en pequeñas cantidades, puede ayudar a lubricar el intestino y facilitar el paso de las heces. Sin embargo, es crucial consultar a tu veterinario antes de administrar cualquier suplemento o medicamento, ya que algunos pueden ser peligrosos si no se usan correctamente.

Si la constipación de tu gato persiste a pesar de estos esfuerzos, es fundamental llevarlo al veterinario. El veterinario puede realizar un examen físico y posiblemente radiografías para determinar la causa subyacente de la constipación. En algunos casos, puede ser necesario un enema para aliviar la obstrucción, pero esto debe ser realizado por un profesional para evitar complicaciones.

Es importante considerar y tratar cualquier causa subyacente de la constipación. Las causas comunes incluyen deshidratación, dieta inadecuada, falta de ejercicio, estrés, y problemas médicos como megacolon, obstrucciones intestinales, y problemas neurológicos. El tratamiento adecuado de cualquier condición subyacente es esencial para prevenir futuros episodios de constipación.

La prevención a largo plazo incluye asegurarse de que tu gato tenga acceso constante a agua fresca, una dieta adecuada rica en fibra, y suficiente ejercicio. Mantén la caja de arena limpia y en un lugar accesible para animar a tu gato a usarla regularmente.

¿Cómo puedo ayudar a mi gato a adaptarse a un nuevo hogar?

Ayudar a tu gato a adaptarse a un nuevo hogar es un proceso que requiere paciencia, comprensión y una serie de pasos para asegurarte de que se sienta seguro y cómodo en su nuevo entorno. Los gatos son criaturas de hábitos y pueden sentirse estresados por los cambios, pero con el enfoque adecuado, puedes facilitar su transición. Aquí te explico de manera detallada cómo hacerlo.

Primero, prepara una habitación segura para tu gato antes de traerlo a casa. Esta habitación servirá como su espacio inicial donde pueda aclimatarse sin sentirse abrumado. Asegúrate de que la habitación esté tranquila y alejada de ruidos fuertes o tráfico constante. Coloca en esta habitación todos los elementos esenciales: una caja de arena, comida y agua, una cama cómoda, juguetes y rascadores. Tener todo en un solo lugar ayudará a que tu gato se sienta más seguro y reducirá el estrés inicial.

Cuando llegues al nuevo hogar con tu gato, llévalo directamente a su habitación segura. Abre la puerta del transportador y permite que salga por su cuenta cuando se sienta listo. No lo fuerces a salir ni lo saques del transportador, ya que esto puede aumentar su ansiedad. Dale tiempo para explorar la habitación a su propio ritmo. Es posible que pase un buen rato escondido mientras se acostumbra a los nuevos olores y sonidos, y eso está bien.

En los primeros días, pasa tiempo en la habitación segura con tu gato. Habla con él en voz baja y suave para que se acostumbre a tu presencia y a tu voz. Siéntate en el suelo o en una silla y permite que se acerque a ti cuando se sienta cómodo. Ofrece golosinas o comida húmeda para crear asociaciones positivas con tu presencia. Jugar con juguetes interactivos también puede ayudar a romper el hielo y estimular su curiosidad.

A medida que tu gato se sienta más cómodo en su habitación segura, puedes empezar a expandir su territorio gradualmente. Abre la puerta de la habitación y permite que explore otras áreas de la casa a su propio ritmo. Es importante supervisar estas exploraciones iniciales para asegurarte de que no se meta en problemas ni se sienta demasiado abrumado. Continúa proporcionando lugares seguros y cómodos en otras áreas de la casa, como camas y rascadores, para que tenga varios refugios donde pueda retirarse si se siente estresado.

Mantén una rutina constante durante las primeras semanas. Alimenta a tu gato a la misma hora todos los días y establece horarios regulares para el tiempo de juego y las interacciones. Los gatos se sienten más seguros cuando saben qué esperar y una rutina predecible puede ayudar a reducir el estrés.

La socialización con otros animales debe hacerse de manera gradual y controlada. Si tienes otros gatos o perros en casa, introduce a tu nuevo gato lentamente. Comienza intercambiando olores: frota una toalla suave sobre el nuevo gato y permite que los otros animales la huelan, y viceversa. Luego, permite breves encuentros cara a cara a través de una puerta de bebé o una rejilla. Supervisa todas las interacciones iniciales y aumenta el tiempo de contacto gradualmente a medida que todos los animales se sientan más cómodos entre sí.

Utilizar feromonas sintéticas, como los difusores Feliway, puede ayudar a crear un ambiente más relajante para tu gato. Estos productos liberan feromonas que imitan las que los gatos producen de manera natural para sentirse seguros y tranquilos. Coloca los difusores en las áreas donde tu gato pasa la mayor parte del tiempo para ayudar a reducir el estrés y facilitar la adaptación.

Es crucial estar atento a los signos de estrés y ansiedad en tu gato durante este periodo de adaptación. Signos como esconderse continuamente, pérdida de apetito, vocalización excesiva, o comportamiento agresivo pueden indicar que tu

gato necesita más tiempo o un enfoque diferente. Si los síntomas persisten, considera consultar a un veterinario o a un especialista en comportamiento animal para obtener asesoramiento adicional.
Asegúrate de pasar tiempo de calidad con tu gato. El juego interactivo, las caricias y el tiempo tranquilo juntos pueden ayudar a fortalecer el vínculo entre ustedes y hacer que se sienta más seguro en su nuevo hogar.

¿Qué tipo de cama es mejor para mi gato?

Elegir la cama adecuada para tu gato es esencial para asegurarte de que tenga un lugar cómodo y seguro donde descansar. Los gatos pasan gran parte de su tiempo durmiendo, por lo que una buena cama puede contribuir significativamente a su bienestar y felicidad. Aquí te explico en detalle los diferentes tipos de camas para gatos y cómo elegir la mejor para tu felino.

Primero, considera las preferencias naturales de tu gato. Algunos gatos prefieren lugares elevados donde puedan observar su entorno, mientras que otros buscan lugares cerrados y escondidos para sentirse seguros. Observar dónde tu gato suele descansar te dará pistas sobre el tipo de cama que le puede gustar.

Las camas tipo cueva son una excelente opción para gatos que disfrutan de la seguridad y la calidez de un espacio cerrado. Estas camas tienen un diseño cubierto con una entrada pequeña, ofreciendo un refugio acogedor que puede ayudar a tu gato a sentirse seguro y protegido. Las camas tipo cueva son especialmente beneficiosas para gatos tímidos o ansiosos, ya que les proporcionan un lugar donde pueden retirarse y relajarse sin ser molestados.

Las camas estilo donut o nido son muy populares entre los gatos a los que les gusta acurrucarse. Estas camas tienen bordes elevados y acolchados que proporcionan un soporte adicional y una sensación de seguridad. Los bordes elevados también pueden servir como un apoyo para la cabeza de tu gato, permitiéndole dormir en varias posiciones cómodamente. Este tipo de cama es ideal para gatos que buscan calor y confort.

Las camas elevadas son perfectas para gatos que prefieren estar fuera del suelo. Estas camas tienen una estructura que las levanta unos centímetros del suelo, lo que puede ayudar a mantener a tu gato alejado de corrientes de aire y ofrecer una mejor ventilación. Además, las camas elevadas pueden ser útiles para gatos con problemas de movilidad, ya que les facilita subir y bajar sin tener que saltar desde el suelo.

Los cojines y almohadillas simples son opciones versátiles que pueden colocarse en diferentes lugares de la casa. Puedes ponerlos en el suelo, en una silla, o en el alféizar de una ventana, permitiendo que tu gato elija su lugar favorito para descansar. Busca cojines con fundas removibles y lavables para facilitar la limpieza y mantener la cama fresca y libre de pelos y olores.

Si vives en un lugar con clima frío, considera una cama con calefacción o una manta térmica. Estas camas proporcionan calor adicional, lo que puede ser especialmente beneficioso para gatos mayores o con artritis. Asegúrate de elegir una cama con calefacción segura y diseñada específicamente para mascotas, y sigue siempre las instrucciones del fabricante para evitar riesgos.

La ubicación de la cama también es importante. Coloca la cama en un lugar tranquilo y alejado de ruidos fuertes o áreas de mucho tráfico. A los gatos les gusta tener un lugar donde puedan descansar sin ser molestados. Si tu gato tiene varias áreas favoritas en la casa, considera colocar camas en diferentes lugares para que tenga opciones según su estado de ánimo y necesidades.

Los materiales de la cama son otro factor crucial. Busca camas hechas de materiales suaves y cómodos que sean fáciles de lavar. Los tejidos como el vellón, el algodón y el poliéster suelen ser buenos para las camas de gatos. Evita materiales que puedan atrapar pelos fácilmente o que sean difíciles de limpiar. Las camas con fundas removibles y lavables son especialmente prácticas.

Ten en cuenta las necesidades específicas de tu gato. Los gatos mayores pueden beneficiarse de camas ortopédicas con un soporte adicional para las articulaciones y los músculos. Si tu gato tiene problemas de alergias, busca camas hipoalergénicas hechas de materiales naturales o específicos para gatos con sensibilidades.

¿Cómo puedo prevenir enfermedades en mi gato?

Prevenir enfermedades en tu gato es esencial para asegurar su bienestar y longevidad. Una combinación de atención veterinaria regular, una dieta equilibrada, ejercicio, y cuidado preventivo en casa puede hacer una gran diferencia en la salud de tu felino. Aquí te explico de manera detallada cómo puedes ayudar a prevenir enfermedades en tu gato.
En primer lugar, las visitas regulares al veterinario son fundamentales. Asegúrate de llevar a tu gato al veterinario al menos una vez al año para un chequeo general. Durante estas visitas, el veterinario puede realizar exámenes físicos, revisar los dientes y las encías de tu gato, y realizar pruebas de sangre y orina para detectar cualquier problema de salud subyacente. Las visitas regulares permiten la detección temprana de enfermedades, lo que puede mejorar significativamente el pronóstico y el tratamiento.
Las vacunas son una parte crucial de la atención preventiva. Asegúrate de que tu gato esté al día con todas las vacunas necesarias. Las vacunas protegen contra enfermedades graves y potencialmente mortales como la rabia, la panleucopenia felina, la calicivirus felino y la rinotraqueítis viral felina. Consulta con tu veterinario para establecer un calendario de vacunación adecuado para tu gato, basado en su edad, estado de salud y estilo de vida.
La desparasitación regular es igualmente importante. Los parásitos internos, como los gusanos intestinales, y los parásitos externos, como las pulgas y las garrapatas, pueden causar una variedad de problemas de salud. Los parásitos internos pueden provocar pérdida de peso, diarrea y anemia, mientras que las pulgas y garrapatas pueden transmitir enfermedades y causar irritaciones cutáneas. Utiliza productos antiparasitarios recomendados por tu veterinario y sigue un calendario regular de desparasitación.

Una dieta equilibrada y de alta calidad es esencial para mantener la salud de tu gato. Alimenta a tu gato con comida formulada específicamente para sus necesidades nutricionales. Evita darle comida para humanos, ya que muchos alimentos pueden ser tóxicos para los gatos. Proporciona una combinación de alimentos secos y húmedos para asegurar una hidratación adecuada y una nutrición balanceada. Consulta a tu veterinario para recomendaciones sobre la mejor dieta para tu gato según su edad, peso y estado de salud.

El ejercicio regular y el enriquecimiento ambiental son cruciales para la salud física y mental de tu gato. Proporciona juguetes interactivos, rascadores y áreas para trepar para mantener a tu gato activo y mentalmente estimulado. El juego regular ayuda a prevenir la obesidad, que es un factor de riesgo para muchas enfermedades, incluyendo la diabetes y la enfermedad cardíaca. Además, un entorno enriquecido puede reducir el estrés, que puede afectar negativamente el sistema inmunológico de tu gato.

El cuidado dental es otro aspecto importante de la prevención de enfermedades. La enfermedad dental es común en los gatos y puede llevar a problemas más graves como infecciones y enfermedades cardíacas. Cepilla los dientes de tu gato regularmente con un cepillo y pasta dental diseñados para gatos. También puedes ofrecerle golosinas dentales y alimentos que promuevan la salud dental. Las limpiezas dentales profesionales realizadas por tu veterinario pueden ser necesarias para mantener una buena salud bucal.

Mantén la caja de arena de tu gato limpia y en buen estado. La higiene adecuada de la caja de arena es crucial para prevenir infecciones del tracto urinario y otros problemas de salud. Limpia la caja de arena al menos una vez al día y cambia la arena regularmente. Usa una arena de buena calidad que absorba bien los olores y mantenga la caja seca.

El control del estrés es importante para la salud general de tu gato. Los cambios en el entorno, la introducción de nuevos animales o personas en el hogar y otras situaciones estresantes pueden afectar el sistema inmunológico de tu gato y hacerlo más susceptible a enfermedades. Proporciona un entorno tranquilo y predecible para tu gato, con lugares seguros donde pueda retirarse. El uso de feromonas sintéticas, como los difusores Feliway, puede ayudar a reducir el estrés y promover un comportamiento más relajado.

La esterilización o castración también es una medida preventiva importante. Estos procedimientos no solo ayudan a controlar la población de gatos, sino que también reducen el riesgo de ciertos tipos de cáncer y problemas de comportamiento asociados con las hormonas sexuales.

Asegúrate de que tu gato esté bien hidratado. Proporciona siempre agua fresca y limpia. Algunos gatos prefieren beber de fuentes de agua en movimiento, por lo que una fuente de agua para gatos puede incentivar la ingesta de líquidos. La hidratación adecuada es esencial para la función renal y la salud general.

¿Por qué mi gato no come?

Si tu gato no está comiendo, es natural que te preocupes, ya que la pérdida de apetito puede ser un síntoma de varios problemas de salud. Es fundamental entender las posibles causas para abordar el problema de manera adecuada y asegurarte de que tu gato reciba la atención necesaria. Aquí te explico de manera exhaustiva por qué tu gato podría no estar comiendo y qué pasos puedes seguir para ayudarlo.

En primer lugar, las causas médicas son una de las razones más comunes por las que un gato podría dejar de comer. Las enfermedades dentales, como infecciones, encías inflamadas o dientes dañados, pueden hacer que comer sea doloroso para tu gato. Si notas que tu gato está evitando la comida, muestra signos de dolor al masticar, o tiene mal aliento, una visita al veterinario para un examen dental es esencial.

Las infecciones o enfermedades sistémicas también pueden afectar el apetito de tu gato. Las infecciones respiratorias, por ejemplo, pueden causar congestión nasal, lo que dificulta que tu gato huela la comida y, por lo tanto, pierda interés en comer. Enfermedades como la insuficiencia renal, la enfermedad hepática, la pancreatitis y las infecciones virales (como la leucemia felina o el virus de la inmunodeficiencia felina) pueden causar náuseas, dolor y letargo, lo que reduce el apetito. Si tu gato muestra otros síntomas como letargo, vómitos, diarrea, pérdida de peso o cambios en la micción, es crucial llevarlo al veterinario para un diagnóstico completo.

El estrés y los cambios en el entorno pueden ser otra razón por la que tu gato no está comiendo. Los gatos son criaturas de hábitos y pueden ser muy sensibles a los cambios en su entorno. Mudanzas, la llegada de nuevos miembros a la familia (ya sean personas u otros animales), cambios en su rutina diaria o incluso un nuevo tipo de comida pueden causar estrés y ansiedad, lo que puede llevar a la pérdida de apetito. En estos casos, tratar de mantener una rutina constante, proporcionar lugares seguros y tranquilos para que tu gato se relaje, y usar feromonas sintéticas como Feliway pueden ayudar a reducir el estrés y estimular el apetito.

Los problemas digestivos, como indigestión, obstrucciones intestinales, o intolerancias alimentarias, también pueden hacer que tu gato evite la comida. Si tu gato muestra signos de malestar abdominal, vómitos o diarrea, es importante que lo evalúe un veterinario. En algunos casos, puede ser necesario cambiar su dieta a una que sea más fácil de digerir o que esté formulada para gatos con problemas digestivos.

La palatabilidad de la comida es otro factor a considerar. Los gatos pueden ser quisquillosos con su comida, y un cambio en la marca, sabor o textura del alimento puede resultar en una pérdida de interés. Asegúrate de que la comida esté fresca y a temperatura ambiente, ya que a muchos gatos no les gusta la comida fría. Si has cambiado recientemente el tipo de comida, intenta volver a la anterior para ver si el apetito de tu gato mejora.

Los gatos mayores pueden experimentar una disminución en el apetito debido a cambios relacionados con la edad, como la disminución del sentido del olfato y el gusto, o problemas de salud crónicos. Si tu gato es mayor, es importante realizar chequeos veterinarios regulares para monitorear su salud y hacer los ajustes necesarios en su dieta y cuidado.

En algunos casos, la pérdida de apetito puede ser un comportamiento temporal que se resuelve por sí solo. Sin embargo, si tu gato no ha comido durante más de 24 horas, especialmente si es un gatito, o si muestra otros signos de enfermedad, es crucial buscar atención veterinaria de inmediato. La pérdida prolongada de apetito puede llevar a una condición grave llamada lipidosis hepática o enfermedad del hígado graso, que puede ser potencialmente mortal si no se trata.

Para estimular el apetito de tu gato, puedes intentar calentar ligeramente su comida para realzar el aroma, ofrecer alimentos enlatados de alta calidad que sean más apetecibles, o añadir un poco de caldo de pollo sin sal.

¿Cómo puedo tratar las alergias en mi gato?

Tratar las alergias en tu gato puede ser un proceso multifacético, ya que las alergias pueden ser causadas por una variedad de factores, incluyendo alimentos, pulgas, sustancias inhaladas y elementos de contacto. Aquí te explicaré de manera detallada cómo identificar y tratar las alergias en tu gato para asegurar su bienestar y comodidad.

Primero, es crucial identificar los síntomas de las alergias en gatos. Los signos comunes incluyen picazón intensa, rascado excesivo, pérdida de pelo, enrojecimiento de la piel, erupciones cutáneas, estornudos, tos, secreción ocular o nasal, vómitos y diarrea. Si notas alguno de estos síntomas, es importante llevar a tu gato al veterinario para un diagnóstico adecuado.

El veterinario comenzará con un examen físico completo y revisará el historial médico de tu gato. Luego, pueden recomendar pruebas específicas para determinar la causa de las alergias. Estas pruebas pueden incluir análisis de sangre, pruebas de eliminación de alimentos, pruebas de piel y raspados de piel para identificar infecciones secundarias o infestaciones de parásitos.

Una de las causas más comunes de alergias en gatos es la alergia a las pulgas. Incluso una sola picadura de pulga puede desencadenar una reacción alérgica severa en gatos sensibles. Para tratar las alergias a las pulgas, es esencial establecer un régimen de control de pulgas riguroso. Utiliza productos antipulgas recomendados por tu veterinario, como pipetas spot-on, collares antipulgas o comprimidos orales. Además, es importante tratar el entorno de tu gato, incluyendo su cama y las áreas donde pasa tiempo, utilizando aspiradoras y productos antipulgas para el hogar.

Las alergias alimentarias son otra causa común de problemas en gatos. Si se sospecha una alergia alimentaria, tu veterinario puede recomendar una dieta de eliminación. Esto implica alimentar a tu gato con una proteína y un carbohidrato nuevos que no haya consumido antes, durante un período de 8 a 12 semanas. Si los síntomas mejoran durante este tiempo, se puede reintroducir gradualmente su dieta anterior para identificar el alérgeno específico. Una vez identificado, puedes evitar ese ingrediente en su dieta futura. Existen dietas comerciales hipoalergénicas disponibles que pueden ser útiles en estos casos.

Las alergias ambientales o atópicas son causadas por alérgenos en el entorno, como el polen, el moho, los ácaros del polvo y las sustancias químicas. Estas alergias pueden ser más difíciles de manejar, ya que es imposible eliminar completamente estos alérgenos del entorno de tu gato. Sin embargo, hay varias estrategias que puedes emplear para minimizar la exposición y aliviar los síntomas. Mantén tu hogar limpio y libre de polvo, usa filtros de aire HEPA, lava la cama de tu gato regularmente y evita el uso de productos de limpieza fuertes o perfumados.

El tratamiento de las alergias ambientales puede incluir medicamentos. Los antihistamínicos pueden ser útiles para algunos gatos, aunque no todos los gatos responden a ellos. Los corticosteroides son otra opción y pueden ser muy efectivos para reducir la inflamación y la picazón, pero su uso a largo plazo debe ser monitoreado debido a los posibles efectos secundarios. Los ácidos grasos omega-3 y omega-6, presentes en los suplementos de aceite de pescado, pueden ayudar a mejorar la salud de la piel y reducir la inflamación.

En algunos casos, los veterinarios pueden recomendar inmunoterapia, que implica la administración de pequeñas cantidades del alérgeno identificado para desensibilizar al sistema inmunológico del gato con el tiempo. Este tratamiento puede ser costoso y llevar tiempo, pero puede ofrecer un alivio significativo a largo plazo para gatos con alergias graves.

Es fundamental manejar las infecciones secundarias que pueden resultar de las alergias. Las alergias a menudo llevan a un rascado y lamido excesivos, lo que puede causar infecciones bacterianas o por hongos en la piel. Si tu gato desarrolla una infección secundaria, el veterinario puede recetar antibióticos o antifúngicos para tratarla.

Además de los tratamientos médicos, hay medidas de cuidado en casa que puedes tomar para aliviar el malestar de tu gato. Bañar a tu gato con un champú suave y específico para gatos puede ayudar a eliminar los alérgenos de la piel y reducir la picazón. Asegúrate de usar productos que sean seguros para gatos, ya que algunos productos diseñados para perros o humanos pueden ser irritantes o tóxicos para ellos.

¿Cuáles son los síntomas de la insuficiencia renal en gatos?

La insuficiencia renal en gatos es una condición seria que puede afectar significativamente su salud y calidad de vida. Es fundamental reconocer los síntomas temprano para buscar atención veterinaria y manejar la enfermedad de manera adecuada. Aquí te explico de manera detallada cuáles son los síntomas de la insuficiencia renal en gatos y cómo puedes identificar esta condición.

La insuficiencia renal, también conocida como enfermedad renal crónica (ERC), ocurre cuando los riñones ya no pueden funcionar correctamente para eliminar los desechos y el exceso de líquidos del cuerpo. Esta enfermedad puede desarrollarse lentamente a lo largo del tiempo y es más común en gatos mayores. Sin embargo, puede afectar a gatos de cualquier edad.

Uno de los síntomas más comunes y tempranos de la insuficiencia renal es el aumento en el consumo de agua y la frecuencia de la micción. Los riñones dañados no pueden concentrar la orina adecuadamente, lo que resulta en la producción de grandes volúmenes de orina diluida. Como consecuencia, el gato beberá más agua para compensar la pérdida de líquidos. Si notas que tu gato está bebiendo mucha más agua de lo habitual y orinando con más frecuencia, es una señal de alerta.

La pérdida de apetito es otro síntoma común. Los gatos con insuficiencia renal pueden perder interés en la comida debido a las toxinas que se acumulan en su cuerpo y afectan su apetito. Esto puede llevar a una pérdida de peso progresiva y a la desnutrición si no se trata.

El letargo y la debilidad son también signos frecuentes. Los gatos con insuficiencia renal a menudo se vuelven menos activos y muestran menos interés en jugar o interactuar. La acumulación de toxinas en el cuerpo puede causar fatiga y debilidad general.

El mal aliento, o halitosis, es otro síntoma importante. El aliento de un gato con insuficiencia renal puede tener un olor químico o amoniacal, debido a la acumulación de desechos en la sangre. Además, es posible que notes úlceras o llagas en la boca de tu gato, lo que también puede contribuir al mal aliento.

Los vómitos y la diarrea son síntomas gastrointestinales comunes en los gatos con insuficiencia renal. La acumulación de toxinas en el cuerpo puede irritar el tracto gastrointestinal, causando malestar estomacal y problemas digestivos.

La deshidratación es un problema serio en gatos con insuficiencia renal. Aunque los gatos beben más agua, no pueden compensar completamente la pérdida de líquidos a través de la orina. La deshidratación puede empeorar la función renal y contribuir a otros problemas de salud. Los signos de deshidratación incluyen encías secas y pegajosas, piel que no vuelve rápidamente a su lugar cuando se pellizca suavemente (turgencia de la piel), y ojos hundidos.

La hipertensión (presión arterial alta) es otra complicación común de la insuficiencia renal. Los riñones desempeñan un papel crucial en la regulación de la presión arterial, y cuando no funcionan correctamente, puede resultar en hipertensión. La hipertensión puede causar daño adicional a los riñones y otros órganos, como el corazón y los ojos.

La anemia es un síntoma que puede desarrollarse en etapas avanzadas de la insuficiencia renal. Los riñones producen una hormona llamada eritropoyetina, que estimula la producción de glóbulos rojos. Cuando los riñones fallan, la producción de esta hormona disminuye, lo que puede llevar a una anemia. Los signos de anemia incluyen debilidad, letargo, encías pálidas y respiración rápida.

El pelaje de tu gato también puede ser un indicador de su salud renal. Los gatos con insuficiencia renal a menudo tienen un pelaje opaco, enmarañado y descuidado, debido a la falta de nutrientes y al malestar general.

Si sospechas que tu gato puede tener insuficiencia renal, es crucial llevarlo al veterinario para una evaluación completa. El veterinario realizará un examen físico y puede recomendar pruebas de sangre y orina para evaluar la función renal y detectar la presencia de toxinas en la sangre. Los niveles elevados de creatinina y nitrógeno ureico en sangre (BUN) son indicadores clave de insuficiencia renal.

El tratamiento de la insuficiencia renal puede incluir cambios en la dieta, medicamentos para controlar los síntomas y, en algunos casos, fluidoterapia para ayudar a mantener la hidratación y eliminar las toxinas del cuerpo. Las dietas especializadas para gatos con insuficiencia renal suelen ser bajas en proteínas y fósforo, y están formuladas para reducir la carga de trabajo de los riñones y controlar los niveles de toxinas.

¿Cómo puedo ayudar a mi gato mayor a mantenerse activo?

Mantener a tu gato mayor activo es crucial para su salud y bienestar general. A medida que los gatos envejecen, tienden a volverse menos activos, lo que puede llevar a una pérdida de masa muscular, aumento de peso y una disminución en la calidad de vida. Aquí te explico de manera detallada cómo puedes ayudar a tu gato mayor a mantenerse activo y saludable.

Primero, es importante crear un entorno que estimule el ejercicio y la actividad física. Proporciona varios niveles de perchas y áreas para trepar. Los árboles para gatos son una excelente opción, ya que ofrecen diferentes alturas y superficies para escalar. Asegúrate de que las estructuras sean estables y fáciles de acceder, especialmente si tu gato tiene problemas de movilidad.

El juego interactivo es fundamental para mantener a tu gato mayor activo. Dedica tiempo cada día para jugar con tu gato usando juguetes que imiten la caza, como varitas con plumas, ratones de juguete y láseres. Los juguetes que se mueven rápidamente pueden ser especialmente atractivos y estimular el instinto de caza de tu gato. Ajusta el ritmo y la intensidad del juego según la capacidad de tu gato para evitar que se sienta abrumado o fatigado.

Introduce juguetes de rompecabezas y dispensadores de golosinas para estimular tanto el cuerpo como la mente de tu gato. Estos juguetes requieren que tu gato resuelva problemas para obtener una recompensa, lo que puede mantenerlo mentalmente activo y físicamente en movimiento. Los juguetes que dispensan comida pueden ser especialmente efectivos para motivar a tu gato a moverse más.

Asegúrate de que tu gato tenga acceso a ventanas donde pueda observar el exterior. Coloca perchas de ventana o camas elevadas cerca de las ventanas para que pueda disfrutar de la vista y mantenerse estimulado visualmente. Los gatos mayores disfrutan observando pájaros y otros animales, lo que puede mantener su mente activa.

La alimentación juega un papel crucial en la salud y la actividad de tu gato mayor. Consulta con tu veterinario para asegurarte de que la dieta de tu gato sea adecuada para su edad y estado de salud. Los gatos mayores pueden beneficiarse de dietas formuladas específicamente para ellos, que contienen nutrientes adicionales para mantener la salud de las articulaciones y la masa muscular. Controlar el peso de tu gato es esencial para evitar la obesidad, que puede limitar su movilidad y actividad.

El cuidado de las articulaciones es especialmente importante para los gatos mayores. La artritis y otros problemas articulares son comunes en gatos envejecidos y pueden dificultar el movimiento. Habla con tu veterinario sobre la posibilidad de agregar suplementos para las articulaciones, como glucosamina y condroitina, a la dieta de tu gato. Estos suplementos pueden ayudar a mantener la salud de las articulaciones y mejorar la movilidad.

Proporciona superficies suaves y cómodas para que tu gato descanse. Las camas ortopédicas y las mantas suaves pueden hacer que su tiempo de descanso sea más confortable, lo que es especialmente importante si tiene problemas articulares o de movilidad. Coloca estas camas en áreas cálidas y tranquilas para fomentar el descanso y la recuperación.

Asegúrate de que tu gato tenga acceso fácil a todas las áreas importantes de la casa. Coloca rampas o escalones para ayudar a tu gato a llegar a lugares elevados, como camas o ventanas. Si tu gato tiene dificultades para subir escaleras, considera limitar su acceso a un solo piso para evitar lesiones.

El enriquecimiento ambiental es esencial para mantener a tu gato mayor mentalmente activo. Proporciona una variedad de juguetes, túneles y áreas de escondite para mantener su entorno interesante y estimulante. Los cambios periódicos en el entorno, como la introducción de nuevos juguetes o la reorganización de los muebles, pueden mantener la curiosidad y la actividad de tu gato.

Además de los estímulos físicos y mentales, la socialización y el tiempo de calidad con los miembros de la familia son fundamentales. Pasa tiempo acariciando y hablando con tu gato, ya que esto puede mejorar su bienestar emocional y fomentar la actividad. Los gatos mayores aún disfrutan de la compañía y el afecto, lo que puede motivarlos a mantenerse activos.

Por último, realiza chequeos veterinarios regulares para monitorear la salud de tu gato. Las visitas al veterinario pueden ayudar a detectar y tratar problemas de salud antes de que se conviertan en serios. El veterinario puede ofrecer recomendaciones específicas para mantener a tu gato activo y saludable según sus necesidades individuales.

¿Qué debo hacer si mi gato está actuando agresivamente?

Si tu gato está actuando agresivamente, es importante abordar este comportamiento de manera cuidadosa y comprensiva para identificar las causas subyacentes y encontrar soluciones efectivas. La agresión en gatos puede ser causada por una variedad de factores, incluyendo problemas médicos, estrés, miedo o territorialidad. Aquí te explico de manera detallada cómo manejar esta situación.

Primero, es esencial descartar cualquier problema médico que pueda estar causando la agresión. Los gatos que experimentan dolor o malestar físico pueden volverse agresivos como una forma de protegerse. Llévalo al veterinario para un chequeo completo. El veterinario puede realizar un examen físico y, si es necesario, pruebas de sangre y otras evaluaciones para identificar cualquier problema de salud subyacente, como artritis, infecciones o problemas dentales. Tratar cualquier condición médica puede ayudar a reducir la agresión.

Una vez descartadas las causas médicas, es crucial observar y entender el comportamiento agresivo de tu gato. Identifica los desencadenantes de la agresión. Puede ser provocada por la interacción con otros animales, personas específicas, manipulación, ruidos fuertes o cambios en su entorno. Mantén un registro de cuándo y dónde ocurre la agresión para identificar patrones.

El miedo y la ansiedad son causas comunes de agresión en gatos. Si tu gato se siente amenazado o inseguro, puede reaccionar de manera agresiva. Proporciona un entorno seguro y tranquilo donde tu gato pueda sentirse protegido. Asegúrate de que tenga lugares seguros para retirarse, como cajas, camas cerradas o áreas elevadas. Mantén una rutina constante para minimizar el estrés y evitar cambios repentinos en su entorno.

La territorialidad puede ser otra causa de agresión, especialmente si hay otros gatos en el hogar o si tu gato ve a otros animales desde la ventana. Asegúrate de que cada gato en tu hogar tenga suficiente espacio y recursos, como cajas de arena, comederos, bebederos y áreas de descanso. Si la agresión ocurre entre gatos, introduce y reintroduce a los gatos lentamente. Separa a los gatos agresores y agredidos y reintroduce gradualmente su presencia utilizando métodos como el intercambio de olores y breves encuentros supervisados.

La agresión redirigida ocurre cuando un gato se frustra o se excita por un estímulo que no puede alcanzar, como un gato afuera, y redirige su agresión hacia un humano u otro animal en el hogar. En estos casos, es importante identificar y eliminar o bloquear el estímulo que causa la frustración. Cierra las cortinas para que tu gato no vea al gato afuera, o redirige su atención hacia juguetes y actividades dentro de casa.

El juego brusco o la agresión inducida por el juego pueden ser comunes en gatos jóvenes o muy activos. Si tu gato te muerde o te araña durante el juego, evita usar las manos para jugar. Utiliza juguetes interactivos, como varitas con plumas o ratones de juguete, para que tu gato pueda liberar su energía de manera segura. Termina el juego inmediatamente si tu gato se vuelve demasiado brusco y dale un tiempo para calmarse antes de reanudar la interacción.

Si tu gato muestra agresión al ser manipulado o acariciado, es importante respetar sus límites. Observa el lenguaje corporal de tu gato y detente antes de que se sienta incómodo. Algunos gatos tienen umbrales bajos de tolerancia al tacto y pueden disfrutar solo de caricias breves. Evita forzar el contacto físico y permite que tu gato inicie la interacción.

El uso de feromonas sintéticas, como los difusores Feliway, puede ayudar a reducir el estrés y la agresión en gatos. Estos productos liberan feromonas que imitan las señales químicas naturales que los gatos usan para sentirse seguros y tranquilos. Coloca los difusores en áreas donde tu gato pasa la mayor parte del tiempo para promover un ambiente más relajado.

Si la agresión persiste y no puedes manejarla por ti mismo, considera buscar la ayuda de un especialista en comportamiento animal. Los especialistas en comportamiento pueden trabajar contigo y tu gato para desarrollar un plan de manejo personalizado y efectivo. Pueden identificar desencadenantes específicos y proporcionar estrategias de modificación del comportamiento basadas en la ciencia.

¿Cómo puedo proteger a
mi gato de los parásitos?

Proteger a tu gato de los parásitos es esencial para su salud y bienestar. Los parásitos pueden causar una variedad de problemas de salud, desde molestias leves hasta enfermedades graves. Aquí te explico de manera exhaustiva cómo puedes proteger a tu gato de los parásitos, tanto internos como externos, para mantenerlo saludable y feliz.

Primero, es importante entender los diferentes tipos de parásitos que pueden afectar a tu gato. Los parásitos externos incluyen pulgas, garrapatas y ácaros, mientras que los parásitos internos incluyen gusanos intestinales, gusanos del corazón y protozoos como Giardia. Cada tipo de parásito requiere medidas preventivas y tratamientos específicos.

Para proteger a tu gato de los parásitos externos, como las pulgas y garrapatas, utiliza productos antiparasitarios de alta calidad recomendados por tu veterinario. Los productos tópicos, como las pipetas spot-on, son fáciles de aplicar y proporcionan una protección efectiva contra las pulgas y garrapatas. Estos productos se aplican generalmente una vez al mes en la piel del gato, en la base del cuello, donde no pueda lamerse. Asegúrate de seguir las instrucciones del fabricante para garantizar su eficacia.

Además de los productos tópicos, existen collares antipulgas y garrapatas que pueden proporcionar una protección prolongada. Estos collares liberan lentamente ingredientes activos que matan y repelen parásitos. Asegúrate de elegir un collar adecuado para gatos, ya que algunos productos diseñados para perros pueden ser tóxicos para ellos.

Mantén tu hogar limpio y libre de parásitos utilizando aspiradoras regularmente, especialmente en las áreas donde tu gato pasa la mayor parte del tiempo. Lava la cama de tu gato y las mantas con frecuencia en agua caliente para eliminar cualquier huevo o larva de pulga. Considera el uso de aerosoles o nebulizadores antipulgas para el hogar si sospechas de una infestación.

Los ácaros del oído son otro parásito externo común en los gatos. Si notas que tu gato sacude la cabeza con frecuencia o se rasca las orejas, podría tener ácaros del oído. Los síntomas incluyen una descarga oscura y cerosa del oído. Consulta a tu veterinario para obtener un diagnóstico y tratamiento adecuado. Los tratamientos suelen incluir gotas oticas específicas para eliminar los ácaros.

Para los parásitos internos, la desparasitación regular es clave. Los gatos pueden infectarse con gusanos intestinales a través de la ingestión de huevos de parásitos en el medio ambiente o mediante la caza de roedores. Los gusanos intestinales más comunes en los gatos incluyen los gusanos redondos, los gusanos planos y los anquilostomas. Los síntomas de infestación pueden incluir diarrea, pérdida de peso, vómitos y un pelaje opaco.

Tu veterinario puede recomendar un programa de desparasitación adecuado para tu gato, que puede incluir medicamentos orales o tópicos para eliminar los gusanos. Es importante seguir el calendario de desparasitación recomendado para prevenir la reinfestación. Si tienes varios animales en casa, asegúrate de desparasitarlos a todos al mismo tiempo para evitar la transmisión de parásitos entre ellos.

El gusano del corazón es un parásito menos común en gatos que en perros, pero puede ser muy grave. Los gusanos del corazón se transmiten a través de las picaduras de mosquitos infectados. Los síntomas pueden incluir tos, dificultad para respirar y letargo. Consulta a tu veterinario sobre la prevención del gusano del corazón, especialmente si vives en una zona donde estos parásitos son comunes. Existen medicamentos preventivos que pueden administrarse mensualmente para proteger a tu gato.

Además de los tratamientos específicos, es importante realizar chequeos veterinarios regulares para monitorear la salud de tu gato y detectar cualquier problema de parásitos temprano. Durante estas visitas, el veterinario puede realizar análisis de heces y exámenes físicos para identificar infestaciones de parásitos y recomendar tratamientos preventivos.

Si tu gato es un cazador activo o pasa tiempo al aire libre, es especialmente importante estar atento a los signos de infestación y mantener un régimen preventivo estricto. Considera limitar el acceso al exterior si vives en una zona con alta prevalencia de parásitos, o supervisar sus salidas para minimizar el riesgo de exposición.

¿Cuáles son los mejores alimentos para gatos con alergias?

Elegir los mejores alimentos para gatos con alergias es fundamental para mantener su salud y bienestar. Las alergias alimentarias en gatos pueden causar una variedad de síntomas incómodos, como picazón, problemas digestivos y pérdida de pelo. Aquí te explicaré en detalle cómo identificar las mejores opciones de alimentos para gatos con alergias y qué debes tener en cuenta al seleccionarlos.

Primero, es importante entender qué son las alergias alimentarias en gatos y cómo se manifiestan. Las alergias alimentarias ocurren cuando el sistema inmunológico de tu gato reacciona de manera exagerada a ciertos ingredientes en su dieta. Los síntomas comunes incluyen picazón en la piel, especialmente en la cara, las orejas y las patas, problemas digestivos como vómitos y diarrea, y pérdida de pelo. Si sospechas que tu gato tiene alergias alimentarias, es crucial llevarlo al veterinario para un diagnóstico adecuado.

El diagnóstico de alergias alimentarias generalmente implica una dieta de eliminación. Durante este proceso, alimentarás a tu gato con una dieta especial que contiene proteínas y carbohidratos que nunca antes haya consumido. Esta dieta se sigue durante al menos 8 a 12 semanas para ver si los síntomas mejoran. Si los síntomas desaparecen, reintroduces lentamente los alimentos anteriores uno a uno para identificar el alérgeno específico.

Los alimentos hipoalergénicos son una excelente opción para gatos con alergias. Estos alimentos están formulados con proteínas y carbohidratos que son menos propensos a causar reacciones alérgicas. Una proteína hipoalergénica comúnmente utilizada es el cordero, el venado, el pato o el conejo, ya que estos no son ingredientes típicos en las dietas comerciales para gatos. Los carbohidratos hipoalergénicos pueden incluir patata dulce o guisantes.

Otra opción es alimentar a tu gato con una dieta de proteínas hidrolizadas. En estas dietas, las proteínas se descomponen en moléculas más pequeñas que el sistema inmunológico de tu gato es menos probable que reconozca como alérgenas. Estas dietas están disponibles a través de tu veterinario y son una excelente opción si tu gato tiene múltiples alergias alimentarias o si no puedes identificar el alérgeno específico.

Las dietas caseras también pueden ser una solución para gatos con alergias alimentarias, siempre y cuando se formulen correctamente para satisfacer todas las necesidades nutricionales de tu gato. Si decides preparar la comida de tu gato en casa, es fundamental trabajar con un veterinario o un nutricionista veterinario para asegurarte de que la dieta sea equilibrada y completa. Las dietas caseras permiten un control total sobre los ingredientes y pueden ser útiles para evitar alérgenos específicos.

Además de elegir un alimento adecuado, es importante considerar los tratamientos y suplementos que puedes dar a tu gato. Los ácidos grasos omega-3 y omega-6, presentes en los suplementos de aceite de pescado, pueden ayudar a reducir la inflamación y mejorar la salud de la piel y el pelaje. Consulta a tu veterinario antes de añadir cualquier suplemento a la dieta de tu gato para asegurarte de que sean seguros y beneficiosos.

La calidad de los ingredientes es crucial. Opta por alimentos que utilicen ingredientes de alta calidad, sin aditivos, conservantes ni colorantes artificiales, ya que estos pueden ser potenciales desencadenantes de alergias. Las etiquetas de los alimentos deben ser claras y específicas, listando los ingredientes de manera transparente para que puedas identificar fácilmente cualquier alérgeno potencial.

También es importante tener en cuenta el entorno y los hábitos alimentarios de tu gato. Mantén los platos de comida y agua limpios para evitar contaminaciones cruzadas y reduce el acceso a alimentos humanos que puedan contener ingredientes alérgenos. Evita darle golosinas o alimentos adicionales que no sean parte de su dieta hipoalergénica, ya que incluso pequeñas cantidades de un alérgeno pueden desencadenar una reacción.

¿Por qué mi gato se lame excesivamente?

Si tu gato se lame excesivamente, es importante entender las posibles causas detrás de este comportamiento para abordarlo adecuadamente y asegurar su bienestar. Los gatos se lamen como parte de su comportamiento de acicalamiento natural, pero cuando este comportamiento se vuelve excesivo, puede ser un signo de problemas subyacentes. Aquí te explico de manera detallada las posibles razones por las cuales tu gato puede estar lamiéndose en exceso y qué puedes hacer al respecto.

Una de las causas más comunes de lamido excesivo en gatos es el prurito, o picazón, que puede ser causado por alergias. Las alergias en gatos pueden ser alimentarias, ambientales (como alérgenos en el polvo, polen, moho) o causadas por pulgas. Si tu gato es alérgico a ciertos ingredientes en su comida, a sustancias en su entorno o a las picaduras de pulgas, puede lamerse en un intento de aliviar la picazón. Observa si hay patrones en el lamido que coincidan con la exposición a ciertos alimentos o alérgenos, y consulta a tu veterinario para identificar y manejar las alergias. Un control estricto de pulgas es fundamental, ya que incluso una sola picadura puede causar una reacción alérgica significativa en gatos sensibles.

El estrés y la ansiedad son otras causas frecuentes de lamido excesivo en gatos. Los gatos son muy sensibles a los cambios en su entorno y pueden estresarse por factores como mudanzas, la llegada de nuevos miembros a la familia (sean humanos o animales), cambios en la rutina diaria o incluso aburrimiento. El lamido puede ser una forma de autocalma en situaciones de estrés. Proporcionar un entorno seguro y predecible, mantener una rutina constante y enriquecer el entorno con juguetes, rascadores y áreas para trepar puede ayudar a reducir el estrés. Los difusores de feromonas sintéticas, como Feliway, también pueden ser útiles para crear un ambiente más relajante.

Las infecciones de la piel o las infestaciones de parásitos pueden provocar que un gato se lama excesivamente. Las infecciones bacterianas o fúngicas pueden causar irritación y malestar en la piel, llevando al gato a lamerse para aliviar la incomodidad. Si notas áreas enrojecidas, inflamadas, con costras o pérdida de pelo, es importante llevar a tu gato al veterinario para un diagnóstico y tratamiento adecuado. Las infestaciones de parásitos como los ácaros también pueden causar picazón intensa y lamido excesivo. El tratamiento adecuado con medicamentos antiparasitarios puede resolver el problema.

El dolor es otra causa potencial de lamido excesivo. Si tu gato tiene dolor en una parte específica de su cuerpo, como una articulación afectada por artritis o una lesión, puede lamerse en esa área como una forma de manejar el dolor. Observa si tu gato se concentra en lamer una parte particular de su cuerpo y si muestra otros signos de dolor, como cojear o evitar ciertas actividades. Un examen veterinario puede ayudar a identificar y tratar la causa del dolor.

Los trastornos neurológicos o comportamentales también pueden llevar a un comportamiento de lamido excesivo. En algunos casos, los gatos pueden desarrollar un comportamiento compulsivo conocido como alopecia psicógena, donde se lamen y arrancan el pelo en respuesta a factores psicológicos o ambientales. Este trastorno puede requerir una combinación de manejo ambiental, enriquecimiento y, en algunos casos, medicamentos para reducir la compulsión.

Además de las causas mencionadas, los problemas hormonales como el hipertiroidismo pueden causar cambios en el comportamiento y llevar a un lamido excesivo. Los gatos con hipertiroidismo pueden ser más activos, ansiosos y mostrar comportamientos compulsivos, incluyendo el lamido excesivo. Un análisis de sangre realizado por tu veterinario puede ayudar a diagnosticar este problema y guiar el tratamiento adecuado.

Para abordar el lamido excesivo de tu gato, es importante seguir un enfoque integral. Primero, consulta a tu veterinario para identificar cualquier problema médico subyacente. El veterinario puede realizar exámenes físicos, pruebas de sangre y otras pruebas diagnósticas para determinar la causa del lamido excesivo. Una vez identificada la causa, sigue las recomendaciones de tratamiento del veterinario, que pueden incluir medicamentos, cambios en la dieta, tratamientos para las alergias, manejo del estrés y terapias específicas para problemas de comportamiento.

¿Qué debo hacer si mi gato tiene un ojo cerrado?

Si tu gato tiene un ojo cerrado, es importante abordarlo de inmediato, ya que puede ser un signo de varias condiciones que requieren atención. Aquí te explico detalladamente las posibles causas y los pasos a seguir para manejar la situación de manera adecuada.

Primero, observa a tu gato con detenimiento. Un ojo cerrado puede ser causado por algo tan simple como una mota de polvo o tan serio como una infección ocular. Examina el ojo afectado y compara con el ojo sano para identificar cualquier diferencia. Busca signos como enrojecimiento, hinchazón, secreción, lágrimas excesivas, opacidad en la córnea o cualquier objeto extraño visible.

Una causa común de un ojo cerrado en gatos es la conjuntivitis, también conocida como "ojo rosado". La conjuntivitis es la inflamación de la membrana mucosa que recubre el interior del párpado y la parte blanca del ojo. Puede ser causada por infecciones virales, bacterianas o alérgicas. Los síntomas incluyen enrojecimiento, secreción (que puede ser clara, amarillenta o verdosa), y parpadeo frecuente o entrecerrar los ojos. Si sospechas que tu gato tiene conjuntivitis, es crucial llevarlo al veterinario para un diagnóstico y tratamiento adecuado. El tratamiento puede incluir antibióticos o colirios antivirales, dependiendo de la causa.

Otra posible causa es una úlcera corneal, que es una herida en la superficie del ojo. Las úlceras corneales pueden ser causadas por traumatismos, como arañazos, cuerpos extraños, infecciones o enfermedades como el herpesvirus felino. Los síntomas incluyen dolor, entrecerrar los ojos, opacidad en la córnea y secreción ocular. Las úlceras corneales son dolorosas y pueden causar daño permanente si no se tratan a tiempo. Un veterinario puede realizar un examen con una lámpara de hendidura y usar tintes especiales para diagnosticar y tratar la úlcera, que puede incluir colirios antibióticos, antivirales y, en casos graves, cirugía.

Las infecciones del tracto respiratorio superior también pueden causar problemas oculares en gatos. Estas infecciones son comunes y a menudo causadas por virus como el herpesvirus felino o el calicivirus felino. Además de los síntomas respiratorios como estornudos y secreción nasal, los gatos pueden desarrollar conjuntivitis y ojos llorosos. Si tu gato presenta síntomas de una infección respiratoria junto con el ojo cerrado, es importante que reciba tratamiento veterinario, que puede incluir antibióticos, antivirales y cuidados de apoyo.

Las lesiones o traumas en el ojo también pueden hacer que tu gato mantenga un ojo cerrado. Si tu gato ha estado peleando con otro animal, jugando de forma brusca, o si hay objetos afilados en su entorno, puede haberse lesionado el ojo. Las lesiones pueden incluir arañazos en la córnea, cuerpos extraños alojados en el ojo, o golpes. Si sospechas una lesión, evita intentar manipular el ojo y lleva a tu gato al veterinario de inmediato para evitar complicaciones.

Las alergias pueden causar irritación ocular en los gatos, lo que puede hacer que mantengan un ojo cerrado para protegerlo de la incomodidad. Las alergias pueden ser causadas por factores ambientales como el polvo, el polen o ciertos productos químicos. Si crees que las alergias pueden ser la causa, intenta identificar y eliminar el alérgeno del entorno de tu gato. El veterinario puede recomendar antihistamínicos o colirios antiinflamatorios para aliviar los síntomas.

Si tu gato tiene una secreción ocular clara, esto puede ser un signo de una irritación leve o alergias, mientras que una secreción amarillenta o verdosa generalmente indica una infección que necesita tratamiento veterinario.

La entropión es otra condición que puede hacer que un gato mantenga un ojo cerrado. El entropión es un problema en el que los bordes del párpado se pliegan hacia adentro, lo que hace que las pestañas y la piel rocen contra la superficie del ojo, causando irritación y dolor. Esta condición requiere intervención quirúrgica para corregir la posición del párpado.

Es fundamental evitar cualquier automedicación sin la recomendación de un veterinario, ya que algunos medicamentos para humanos pueden ser tóxicos para los gatos o empeorar su condición. Nunca uses colirios diseñados para humanos o perros sin la aprobación de tu veterinario.

¿Qué tipo de collar es mejor para mi gato?

Elegir el collar adecuado para tu gato es crucial para su seguridad y comodidad. Hay varios tipos de collares disponibles, cada uno con sus propios beneficios y consideraciones. Aquí te explico de manera detallada cómo seleccionar el mejor collar para tu gato y qué aspectos debes tener en cuenta.

Uno de los aspectos más importantes a considerar es la seguridad. Los gatos son curiosos y ágiles, y pueden quedar atrapados con facilidad al trepar o explorar. Por esta razón, los collares de seguridad, también conocidos como collares de liberación rápida o collares breakaway, son la mejor opción. Estos collares están diseñados para abrirse automáticamente si se enganchan en algo, evitando que tu gato se lastime o se estrangule. Asegúrate de que el collar de liberación rápida que elijas se abra con una fuerza moderada para garantizar que se libere en caso de emergencia, pero no tan fácilmente que se desprenda con cualquier movimiento.

El material del collar también es un factor importante. Los collares de nailon son una opción popular debido a su durabilidad, ligereza y disponibilidad en una amplia variedad de colores y estilos. Además, el nailon es fácil de limpiar y se seca rápidamente. Los collares de cuero son otra opción, ofreciendo una apariencia clásica y una durabilidad excelente, pero pueden ser más pesados y menos flexibles que los de nailon. Independientemente del material, asegúrate de que el collar sea suave y no cause irritación en la piel de tu gato.

La talla y el ajuste del collar son cruciales para la comodidad de tu gato. Un collar demasiado apretado puede causar molestias y problemas de salud, mientras que un collar demasiado suelto puede engancharse fácilmente y caerse. Como regla general, debes poder insertar dos dedos entre el collar y el cuello de tu gato para asegurarte de que esté bien ajustado pero no demasiado apretado. Mide el cuello de tu gato con una cinta métrica y elige un collar que sea ajustable para obtener el mejor ajuste posible.

Si tu gato pasa tiempo al aire libre, considera un collar reflectante o con elementos luminosos. Estos collares aumentan la visibilidad de tu gato en la oscuridad, ayudando a evitar accidentes y facilitando su localización en caso de que se pierda. Los collares con tiras reflectantes o luces LED incorporadas son opciones excelentes para gatos que salen de noche.

Los collares con identificación son esenciales para todos los gatos, especialmente aquellos que tienen acceso al exterior. Un collar con una placa de identificación grabada con el nombre de tu gato y tu información de contacto puede ser de gran ayuda si tu gato se pierde. Algunas personas prefieren collares con etiquetas de identificación colgantes, pero estas pueden engancharse o perderse con más facilidad que las placas grabadas directamente en el collar.

Si tu gato necesita protección contra pulgas y garrapatas, considera un collar antipulgas. Estos collares liberan ingredientes activos que repelen y matan a los parásitos, proporcionando protección continua durante varios meses. Asegúrate de elegir un collar antipulgas específico para gatos, ya que algunos productos diseñados para perros contienen ingredientes que pueden ser tóxicos para los gatos.

Para los gatos que son sensibles al ruido o al tacto, los collares de microfibra o de tela suave pueden ser una buena opción. Estos collares están diseñados para ser cómodos y menos intrusivos, ayudando a los gatos a acostumbrarse a llevar un collar sin causarles estrés.

Además, si estás considerando un collar para entrenamiento o corrección de comportamiento, es crucial hacerlo bajo la guía de un profesional del comportamiento animal. Los collares de entrenamiento como los collares de vibración o sonido deben usarse con precaución y nunca como una herramienta de castigo.

Es importante recordar que algunos gatos pueden necesitar tiempo para acostumbrarse a usar un collar. Introduce el collar gradualmente, permitiendo que tu gato lo use durante cortos períodos de tiempo al principio y aumentando gradualmente la duración. Recompensa a tu gato con golosinas y elogios para asociar el collar con experiencias positivas.

Revisa regularmente el collar de tu gato para asegurarte de que esté en buen estado y ajuste correctamente. Los gatos crecen y cambian de peso, por lo que es importante ajustar o reemplazar el collar según sea necesario.

¿Cómo puedo ayudar a mi gato a adaptarse a otro animal en casa?

Introducir a otro animal en tu hogar cuando ya tienes un gato puede ser un proceso delicado, ya que los gatos son criaturas territoriales por naturaleza y pueden sentirse amenazados o incómodos al enfrentarse a un nuevo compañero. Para asegurar una transición suave y minimizar el estrés tanto para tu gato como para el nuevo animal, es importante seguir un enfoque gradual y cuidadoso.

Lo primero que debes hacer es prepararte para la llegada del nuevo animal. Antes de que el nuevo miembro de la familia llegue a casa, asegúrate de que tanto tu gato como el nuevo animal tengan sus propios espacios separados en tu hogar. Esto significa que debes preparar áreas distintas con todo lo que cada uno necesite: camas, comederos, areneros, y juguetes. Esto ayudará a cada uno a sentirse seguro y tendrá su propio territorio donde se pueda refugiar si se siente amenazado.

Cuando el nuevo animal llegue a casa, evita el contacto directo inmediato con tu gato. Es crucial permitir que ambos animales se acostumbren al olor del otro antes de hacer una introducción cara a cara. Puedes hacer esto intercambiando las camas o mantas de los dos animales, o frotando un paño en uno y luego en el otro para que se familiaricen con el olor del otro. Este proceso ayuda a desensibilizar a tu gato al olor del nuevo animal y viceversa.

Una vez que hayan pasado algunos días y los animales se hayan acostumbrado al olor del otro, comienza las presentaciones a través de una puerta o una barrera. Usa una puerta de seguridad para bebés o una puerta cerrada para permitir que se vean, pero sin contacto físico. Durante estas sesiones, es importante observar las reacciones de tu gato y del nuevo animal. Si hay signos de agresión o miedo, es mejor darles más tiempo y repetir el proceso hasta que ambos se sientan más cómodos.

Mientras llevas a cabo estas introducciones, es útil mantener las sesiones cortas y positivas. Utiliza golosinas, juguetes y elogios para recompensar a ambos animales por comportamientos tranquilos y positivos durante el tiempo que pasan juntos. Esto ayudará a crear asociaciones positivas con la presencia del otro animal.

Cuando estés listo para permitir el primer contacto físico, hazlo de manera controlada. Si el nuevo animal es un cachorro o un gato joven, asegúrate de supervisar de cerca el primer encuentro para evitar que se produzcan juegos bruscos que puedan asustar a tu gato. Si es un animal más viejo o más dominante, la supervisión sigue siendo clave para asegurarte de que la interacción sea segura y sin conflictos.

Es importante ofrecer a tu gato muchas oportunidades para retirarse y refugiarse en su propio espacio durante el proceso de adaptación. Asegúrate de que tu gato tenga acceso a áreas altas y escondites donde pueda sentirse seguro y observar desde una distancia segura. Los gatos a menudo se sienten más cómodos cuando pueden observar a distancia y acercarse a su propio ritmo.

A lo largo de la adaptación, observa las señales de estrés en tu gato. Esto puede incluir cambios en el apetito, comportamiento agresivo o escondido, o problemas con el uso del arenero. Si notas alguno de estos signos, dale más tiempo a tu gato para adaptarse y considera consultar con un veterinario o un especialista en comportamiento animal para obtener asesoramiento adicional.

La paciencia y la consistencia son esenciales en todo el proceso. Cada gato es diferente y puede tomar más o menos tiempo para adaptarse a la presencia de un nuevo animal. Mantén un enfoque calmado y positivo, y asegura que todos los animales tengan su propio espacio y tiempo para adaptarse.

¿Por qué mi gato me muerde cuando lo acaricio?

Si tu gato te muerde cuando lo acaricias, es importante entender que este comportamiento puede tener varias causas, y no necesariamente significa que tu gato sea agresivo. Los gatos son criaturas complejas y su comportamiento puede ser influenciado por una variedad de factores. Aquí te explico de manera detallada por qué tu gato podría morderte cuando lo acaricias y cómo manejar este comportamiento.

Primero, es importante considerar que los gatos tienen umbrales de tolerancia al contacto físico que varían de un gato a otro. Algunos gatos disfrutan de largos períodos de caricias, mientras que otros pueden volverse sensibles después de unos pocos minutos. Esta sensibilidad puede deberse a la sobreestimulación. Cuando acaricias a tu gato, especialmente en áreas como la base de la cola, el lomo o el abdomen, la acumulación de sensaciones puede volverse incómoda o incluso irritante para él. Como resultado, tu gato puede recurrir a morder como una forma de comunicar que ha tenido suficiente.

Otra razón puede ser la sensibilidad al tacto o dolor oculto. Si tu gato tiene una lesión o una condición médica que causa dolor, como artritis, problemas de piel o infecciones, puede reaccionar mordiendo cuando tocas un área sensible. Si sospechas que el dolor puede ser la causa, es fundamental llevar a tu gato al veterinario para una evaluación completa. El tratamiento de cualquier problema médico subyacente puede resolver el comportamiento de morder.

El comportamiento de morder también puede estar relacionado con el miedo o la ansiedad. Si tu gato no ha sido socializado adecuadamente o ha tenido experiencias negativas con las caricias en el pasado, puede ver el contacto físico como una amenaza. En este caso, morder es una respuesta defensiva. Trabajar para construir la confianza de tu gato mediante interacciones suaves y positivas, y respetando sus límites, puede ayudar a reducir este comportamiento.

La comunicación felina es otra área a considerar. Los gatos utilizan una variedad de señales para comunicar sus estados emocionales, y es posible que tu gato te esté advirtiendo que está incómodo antes de morder. Observa el lenguaje corporal de tu gato mientras lo acaricias: orejas hacia atrás, cola moviéndose rápidamente, dilatación de pupilas, o movimientos inquietos son indicios de que tu gato puede estar a punto de morder. Aprender a reconocer estas señales y detener las caricias antes de que tu gato se sienta obligado a morder puede ayudar a prevenir el comportamiento.

Algunos gatos también pueden morder como una forma de juego. Los gatos jóvenes, en particular, pueden ver las caricias y las manos como una oportunidad para jugar, especialmente si han sido alentados a jugar de manera brusca con las manos en el pasado. Es importante redirigir este tipo de comportamiento de juego hacia juguetes adecuados y no usar las manos para jugar con tu gato. Juguetes interactivos como varitas con plumas o ratones de juguete pueden proporcionar una salida adecuada para su energía de juego sin involucrar tus manos.

El manejo del entorno y la creación de un ambiente relajado también son importantes. Asegúrate de que tu gato tenga lugares tranquilos donde pueda retirarse y relajarse, lejos de ruidos fuertes y estrés. Proporcionar áreas elevadas, rascadores y lugares escondidos puede ayudar a tu gato a sentirse más seguro y menos ansioso.

¿Cómo puedo cuidar el pelaje de mi gato?

Cuidar el pelaje de tu gato es esencial para su salud y bienestar general. Un pelaje bien cuidado no solo se ve hermoso, sino que también puede prevenir problemas de salud como infecciones de la piel, bolas de pelo y parásitos. Aquí te explico de manera detallada cómo puedes cuidar el pelaje de tu gato de manera efectiva.

Primero, es importante entender que los gatos tienen diferentes tipos de pelaje y cada uno requiere cuidados específicos. Los gatos de pelo corto, pelo largo y pelo semilargo tienen necesidades de acicalamiento distintas. Por lo tanto, conocer el tipo de pelaje de tu gato te ayudará a establecer una rutina adecuada.

Cepillado regular: El cepillado es fundamental para mantener el pelaje de tu gato en buen estado. Para los gatos de pelo corto, cepillarlos una o dos veces por semana suele ser suficiente. Usa un cepillo de cerdas suaves o un guante de aseo para eliminar el pelo suelto y reducir la cantidad de pelo que tu gato ingiere al acicalarse. Los gatos de pelo largo, como los persas o los maine coons, necesitan ser cepillados diariamente para prevenir enredos y bolas de pelo. Utiliza un peine de dientes anchos para desenredar suavemente el pelo y un cepillo de cerdas suaves para alisar y dar brillo al pelaje. El cepillado regular no solo mantiene el pelaje limpio y sin enredos, sino que también estimula la circulación sanguínea y distribuye los aceites naturales de la piel, manteniéndola saludable.

Baños: Los gatos son naturalmente muy limpios y generalmente no necesitan baños frecuentes. Sin embargo, en algunos casos, como si tu gato se ensucia con algo pegajoso o maloliente, un baño puede ser necesario. Utiliza un champú suave y específico para gatos, ya que los productos para humanos o perros pueden ser demasiado fuertes y causar irritaciones en la piel. Asegúrate de enjuagar bien todo el champú y secar a tu gato completamente para evitar que se enfríe. Si tu gato no está acostumbrado a los baños, introdúcelos gradualmente y asócialos con recompensas y caricias para que la experiencia sea menos estresante.

Dieta adecuada: La alimentación juega un papel crucial en la salud del pelaje de tu gato. Proporciona una dieta equilibrada y rica en nutrientes esenciales como proteínas de alta calidad, ácidos grasos omega-3 y omega-6, vitaminas y minerales. Los ácidos grasos ayudan a mantener el pelaje brillante y saludable, y pueden encontrarse en alimentos comerciales de alta calidad o en suplementos de aceite de pescado. Consulta a tu veterinario para asegurarte de que la dieta de tu gato cubra todas sus necesidades nutricionales.

Control de parásitos: Los parásitos externos como pulgas, garrapatas y ácaros pueden causar problemas en la piel y el pelaje de tu gato. Utiliza productos antiparasitarios recomendados por tu veterinario para proteger a tu gato de estos parásitos. Los tratamientos tópicos, collares antipulgas y comprimidos orales son opciones efectivas. Revisa regularmente el pelaje de tu gato en busca de signos de parásitos, como picazón excesiva, puntos negros (heces de pulgas) o piel inflamada.

Hidratación y ambiente: La hidratación adecuada es importante para mantener la piel y el pelaje saludables. Asegúrate de que tu gato siempre tenga acceso a agua fresca y limpia. Además, un ambiente saludable, libre de estrés y con buena ventilación contribuye al bienestar general de tu gato. Los gatos pueden perder más pelo en situaciones de estrés, así que proporcionar un entorno tranquilo y enriquecido puede ayudar a mantener su pelaje en buen estado.

Prevención de bolas de pelo: Las bolas de pelo son comunes en gatos, especialmente en aquellos con pelaje largo. El cepillado regular ayuda a minimizar la cantidad de pelo que tu gato ingiere al acicalarse. Además, hay alimentos y golosinas diseñados específicamente para ayudar a prevenir las bolas de pelo, promoviendo el tránsito del pelo a través del sistema digestivo.

Revisiones veterinarias: Las visitas regulares al veterinario son esenciales para mantener la salud general de tu gato, incluyendo la salud de su pelaje. El veterinario puede detectar problemas de piel o pelaje en etapas tempranas y recomendar tratamientos adecuados. Además, algunas condiciones médicas subyacentes, como problemas hormonales o alergias, pueden afectar el estado del pelaje, por lo que un chequeo regular es crucial.

Higiene adicional: No olvides cuidar otras áreas que pueden afectar el pelaje de tu gato. Limpia regularmente las orejas de tu gato con productos específicos y revisa sus uñas para evitar que se enganchen y causen heridas que puedan afectar el pelaje.

¿Qué debo hacer si mi gato tiene un comportamiento extraño?

Si tu gato está exhibiendo un comportamiento extraño, es importante abordar la situación con atención y cuidado, ya que el comportamiento anormal puede ser indicativo de una variedad de problemas, desde estrés y cambios ambientales hasta problemas de salud más serios. Aquí te explico de manera exhaustiva qué hacer si tu gato tiene un comportamiento extraño, para que puedas identificar las posibles causas y tomar las medidas adecuadas para ayudar a tu mascota.

Primero, observa y documenta el comportamiento extraño de tu gato. Es fundamental tomar nota de cuándo comenzó el comportamiento, con qué frecuencia ocurre, y en qué circunstancias se presenta. Observa si hay cambios en la rutina diaria de tu gato, su dieta, o su entorno que puedan haber desencadenado el comportamiento. Prestar atención a los detalles puede proporcionar pistas importantes para identificar la causa subyacente.

El comportamiento extraño puede manifestarse de muchas formas, como agresión, letargo, vocalización excesiva, escondite, cambios en los hábitos alimenticios o del uso de la caja de arena, o comportamientos compulsivos como el lamido excesivo. Cada uno de estos comportamientos puede tener diferentes causas.

El estrés y la ansiedad son causas comunes de comportamiento anormal en los gatos. Los gatos son muy sensibles a los cambios en su entorno, y cosas como una mudanza, la llegada de un nuevo miembro a la familia (sea humano o animal), o incluso cambios en la rutina diaria pueden causar estrés. Si crees que el estrés puede ser la causa, intenta identificar y minimizar los factores estresantes. Proporciona un entorno tranquilo y seguro para tu gato, con lugares altos y escondites donde pueda retirarse. El uso de difusores de feromonas sintéticas, como Feliway, puede ayudar a reducir el estrés y promover un comportamiento más calmado.

Los problemas de salud pueden ser otra causa de comportamiento extraño. Si tu gato muestra signos de letargo, pérdida de apetito, vómitos, diarrea, aumento o disminución de la sed, o cambios en los hábitos de uso de la caja de arena, es crucial llevarlo al veterinario para una evaluación completa. Los problemas médicos como infecciones, enfermedades metabólicas, trastornos neurológicos o dolor pueden manifestarse en cambios de comportamiento. El veterinario puede realizar un examen físico, análisis de sangre y otras pruebas diagnósticas para identificar cualquier problema de salud subyacente y recomendar el tratamiento adecuado.

Los cambios en los hábitos alimenticios de tu gato, como dejar de comer o comer en exceso, también pueden ser una señal de problemas de salud o estrés. Si notas un cambio significativo en el apetito de tu gato, consulta a tu veterinario para descartar problemas médicos. Asegúrate de que tu gato tenga acceso a una dieta equilibrada y adecuada para su edad y estado de salud.

El comportamiento agresivo puede ser una señal de dolor, miedo o territorialidad. Si tu gato de repente se vuelve agresivo hacia ti, otros animales o personas, es importante evaluar las posibles causas. El dolor puede ser causado por una lesión, artritis u otros problemas médicos. El miedo puede ser desencadenado por cambios en el entorno o experiencias traumáticas. La territorialidad es común en hogares con múltiples mascotas. Observa el contexto en el que ocurre la agresión y consulta a tu veterinario para una evaluación completa. En algunos casos, trabajar con un especialista en comportamiento animal puede ser necesario para abordar problemas de agresión.

El lamido excesivo o comportamiento compulsivo puede ser indicativo de problemas médicos o psicológicos. Los gatos pueden lamerse en exceso debido a alergias, infecciones de la piel, o estrés. Si notas que tu gato se lame compulsivamente, llevándolo al punto de perder pelo o causar heridas, es crucial llevarlo al veterinario para una evaluación. El tratamiento puede incluir medicamentos, cambios en la dieta, o estrategias de manejo del estrés.

Si tu gato se esconde más de lo habitual o evita el contacto social, puede ser una señal de que algo no está bien. El escondite puede ser una respuesta al estrés, el miedo o el dolor. Proporciona a tu gato un entorno seguro y tranquilo y consulta a tu veterinario para descartar problemas de salud.

Además de los problemas mencionados, los cambios en el comportamiento de tu gato pueden ser causados por envejecimiento. Los gatos mayores pueden experimentar cambios en el comportamiento debido a condiciones como la demencia felina o la disminución de la función sensorial. Si tienes un gato mayor, es importante realizar chequeos veterinarios regulares y considerar ajustes en el entorno para acomodar sus necesidades cambiantes.

¿Por qué mi gato es tan activo por la noche?

Si tu gato es especialmente activo por la noche, es probable que esto sea una manifestación de sus instintos naturales y de su ciclo biológico. Los gatos son crepusculares por naturaleza, lo que significa que son más activos durante el amanecer y el atardecer. Aquí te explicaré de manera detallada por qué tu gato es tan activo por la noche y cómo puedes manejar este comportamiento para adaptarlo mejor a tu rutina diaria.

Primero, es importante entender que los ancestros de los gatos domésticos eran cazadores solitarios que cazaban pequeñas presas como roedores y pájaros, que están más activos durante las horas del crepúsculo. Esta conducta instintiva ha sido heredada por los gatos modernos, lo que significa que es completamente natural para ellos estar más activos durante las primeras horas de la mañana y la noche.

Otra razón por la que tu gato puede ser más activo por la noche es la falta de estimulación durante el día. Si tu gato pasa la mayor parte del día solo o sin suficiente actividad, es probable que tenga energía acumulada que necesita liberar. Esto puede resultar en una explosión de actividad cuando tú intentas dormir. Asegúrate de proporcionar a tu gato suficiente estímulo físico y mental durante el día para mantenerlo ocupado y cansado por la noche. Juegos interactivos, juguetes que imitan el movimiento de la presa, y sesiones de juego estructuradas pueden ayudar a gastar su energía.

El entorno y la rutina también juegan un papel crucial en el comportamiento nocturno de tu gato. Si tu gato está acostumbrado a recibir atención, comida o jugar en momentos específicos, puede ajustarse a esa rutina y esperarla incluso si es de noche. Intenta establecer una rutina más diurna para la alimentación y el juego. Alimenta a tu gato y juega con él antes de acostarte para que esté más relajado y propenso a dormir durante la noche.

Los gatos también pueden ser más activos por la noche debido a la soledad o el aburrimiento. Si tu gato pasa mucho tiempo solo durante el día, puede buscar tu atención por la noche cuando estás en casa. Proporcionar un compañero de juegos, como otro gato, puede ayudar a reducir la soledad y proporcionar más oportunidades de juego y socialización durante el día. Además, asegurarte de que tu gato tenga acceso a juguetes interactivos y actividades en tu ausencia puede mantenerlo ocupado.

El comportamiento nocturno también puede estar relacionado con el hambre. Si tu gato no está comiendo lo suficiente o si sus comidas están demasiado espaciadas, puede despertarse hambriento durante la noche. Proporcionar una comida ligera antes de acostarte o usar un comedero automático que dispense pequeñas cantidades de comida durante la noche puede ayudar a mantener a tu gato satisfecho y menos propenso a despertar.

Si tu gato es un gatito joven o un gato adolescente, la hiperactividad nocturna puede ser parte de su desarrollo normal. Los gatos jóvenes tienen altos niveles de energía y pueden necesitar más tiempo de juego y ejercicio para quemar esa energía extra. A medida que tu gato madura, este comportamiento puede disminuir, pero mientras tanto, asegurarte de proporcionar suficiente estimulación y ejercicio es clave.

Para ayudar a tu gato a adaptarse a un horario más diurno, es importante establecer una rutina constante. Juega con tu gato y ofrécele actividades estimulantes durante el día y especialmente en las horas previas a la noche. Proporcionar una sesión de juego intensa antes de acostarte puede ayudar a agotar su energía. Usar juguetes que imitan la caza, como varitas con plumas o juguetes láser, puede ser particularmente efectivo.

Asegúrate de que tu gato tenga un ambiente tranquilo y cómodo para dormir durante la noche. Un lugar seguro y acogedor, lejos de ruidos y distracciones, puede ayudar a que tu gato se relaje. Si tu gato tiende a deambular y causar problemas durante la noche, puedes considerar confinarlo en una habitación segura con su cama, caja de arena y algunos juguetes hasta que se acostumbre a un horario más regular.

Si a pesar de todos estos esfuerzos tu gato sigue siendo excesivamente activo por la noche, puede ser útil consultar a un veterinario o a un especialista en comportamiento felino. Ellos pueden ofrecerte consejos adicionales y evaluar si hay algún problema subyacente que deba ser tratado.

¿Cómo puedo mantener
a mi gato entretenido?

Mantener a tu gato entretenido es esencial para su bienestar físico y mental. Los gatos son animales inteligentes y curiosos que necesitan estimulación regular para evitar el aburrimiento y los comportamientos destructivos. Aquí te explico de manera detallada cómo puedes mantener a tu gato entretenido y feliz.

Primero, es importante proporcionarle a tu gato una variedad de juguetes. Los juguetes interactivos son una excelente manera de mantener a tu gato activo y estimulado. Los juguetes con plumas, varitas con cuerdas y juguetes que imitan el movimiento de presas, como ratones de juguete, pueden captar el interés de tu gato y estimular sus instintos de caza. Juega con tu gato usando estos juguetes al menos una o dos veces al día en sesiones de 10 a 15 minutos para ayudarlo a liberar energía y mantenerse activo.

Además de los juguetes interactivos, considera ofrecerle juguetes que pueda disfrutar solo. Los juguetes que dispensan golosinas, como los rompecabezas de comida, pueden mantener a tu gato ocupado mientras trabaja para obtener la recompensa. Estos juguetes no solo proporcionan estimulación mental, sino que también pueden ayudar a prevenir el sobrepeso al fomentar el ejercicio.

Proporcionar un entorno enriquecido es clave para mantener a tu gato entretenido. Los gatos disfrutan trepando y explorando diferentes niveles. Los árboles para gatos y los estantes montados en la pared pueden ofrecer oportunidades para trepar y saltar. Estos elementos también pueden servir como puntos de observación desde los cuales tu gato puede mirar el entorno, lo que es especialmente importante para los gatos que viven en interiores y no tienen acceso al exterior.

Las cajas de cartón y los túneles son opciones económicas y muy populares entre los gatos. A los gatos les encanta explorar, esconderse y jugar en estos espacios. Coloca algunas cajas y túneles alrededor de tu casa para proporcionar lugares adicionales donde tu gato pueda jugar y sentirse seguro.

Las ventanas pueden ser una fuente de entretenimiento fascinante para los gatos. Coloca perchas de ventana o camas elevadas cerca de las ventanas para que tu gato pueda observar el exterior. Los pájaros, los insectos y el tráfico peatonal pueden mantener a tu gato interesado y ocupado durante horas. También puedes considerar instalar un comedero para pájaros fuera de una ventana para atraer la vida silvestre y proporcionar entretenimiento adicional para tu gato.

El enriquecimiento sensorial también es importante. Los gatos tienen sentidos agudos del olfato y la audición, por lo que proporcionar estímulos sensoriales puede ser muy beneficioso. Usa juguetes con catnip o hierba gatera para atraer el interés de tu gato. El catnip puede inducir una respuesta de euforia temporal en muchos gatos, lo que los anima a jugar y explorar. También puedes utilizar juguetes con texturas variadas para estimular el sentido del tacto de tu gato.

Los juegos de escondite y búsqueda son otra forma excelente de mantener a tu gato entretenido. Esconde pequeñas golosinas o juguetes en diferentes lugares de la casa y deja que tu gato los busque. Este tipo de juego no solo mantiene a tu gato físicamente activo, sino que también proporciona estimulación mental al desafiarlo a usar su sentido del olfato y su inteligencia para encontrar las recompensas.

La interacción social es crucial para mantener a tu gato feliz y entretenido. Dedica tiempo cada día para interactuar con tu gato a través de juegos, caricias y conversaciones suaves. Algunos gatos disfrutan de la compañía de otros gatos o incluso de perros, siempre y cuando se introduzcan de manera adecuada y supervisada.

Para los gatos que pasan mucho tiempo solos, considera la posibilidad de adquirir un compañero de juegos. Otro gato puede proporcionar compañía y una fuente constante de estimulación. Sin embargo, es importante introducir a los gatos gradualmente para evitar conflictos y permitir que se acostumbren el uno al otro de manera segura.

Finalmente, la rutina es importante para los gatos. Establecer horarios regulares para la alimentación, el juego y el tiempo de descanso puede ayudar a tu gato a sentirse seguro y menos estresado. Los gatos son animales de hábitos y se benefician de una estructura predecible en su vida diaria.

¿Qué debo hacer si mi gato tiene problemas urinarios?

Si tu gato tiene problemas urinarios, es crucial abordar el problema de manera rápida y efectiva, ya que las afecciones urinarias pueden ser graves y potencialmente mortales si no se tratan a tiempo. Aquí te explico de manera exhaustiva qué hacer si tu gato presenta problemas urinarios, desde identificar los síntomas hasta las posibles causas y los tratamientos adecuados.

Primero, es importante reconocer los síntomas de los problemas urinarios en los gatos. Estos síntomas pueden incluir dificultad para orinar, orinar en lugares inusuales, sangre en la orina, orinar con frecuencia pero en pequeñas cantidades, llanto o vocalización al orinar, lamido excesivo de los genitales, y signos de dolor o malestar en el abdomen. Si observas alguno de estos síntomas, es vital que lleves a tu gato al veterinario de inmediato para una evaluación.

Una de las causas más comunes de los problemas urinarios en gatos es la cistitis idiopática felina (CIF), una inflamación de la vejiga sin causa infecciosa conocida. Esta condición puede ser inducida por el estrés y es más común en gatos jóvenes y de mediana edad. La CIF puede ser dolorosa y causar síntomas como orinar frecuentemente y con dolor. El tratamiento de la CIF generalmente incluye el manejo del dolor, cambios en la dieta y la reducción del estrés.

Las infecciones del tracto urinario (ITU) son otra causa común de problemas urinarios en gatos, aunque son menos frecuentes que en los perros. Las ITU son causadas por bacterias que ingresan a la vejiga y causan inflamación e infección. Los síntomas incluyen dificultad para orinar, orina con mal olor y sangre en la orina. El tratamiento generalmente implica antibióticos para eliminar la infección, y tu veterinario puede recomendar una dieta especial para ayudar a prevenir futuras infecciones.

Los cálculos urinarios o urolitos son formaciones de minerales que pueden desarrollarse en la vejiga o la uretra de tu gato. Estos cálculos pueden causar obstrucciones, dificultando o impidiendo la micción. Los síntomas de los cálculos urinarios incluyen esfuerzo para orinar, orina con sangre y dolor abdominal. Si tu gato no puede orinar en absoluto, es una emergencia médica que requiere atención veterinaria inmediata. El tratamiento puede incluir la disolución de los cálculos con una dieta especial, medicamentos para el dolor y, en casos graves, cirugía para eliminar los cálculos.

La obstrucción uretral es una condición grave en la que la uretra de tu gato se bloquea, impidiendo que la orina salga del cuerpo. Esta condición es más común en gatos machos debido a la anatomía de su uretra. Los síntomas incluyen esfuerzo intenso para orinar, vocalización de dolor, letargo, vómitos y colapso. La obstrucción uretral es una emergencia médica que requiere atención veterinaria inmediata. El tratamiento puede incluir la desobstrucción de la uretra con un catéter, fluidoterapia intravenosa para rehidratar al gato y, en algunos casos, cirugía para prevenir futuras obstrucciones.

El manejo de los problemas urinarios también incluye cambios en la dieta y el entorno de tu gato. Los alimentos húmedos pueden ayudar a aumentar la ingesta de agua de tu gato, diluyendo la orina y reduciendo el riesgo de formación de cristales y cálculos. Existen dietas veterinarias específicas formuladas para gatos con problemas urinarios que ayudan a mantener un pH urinario adecuado y reducir la formación de cristales. Consulta a tu veterinario sobre la mejor dieta para tu gato.

Asegúrate de que tu gato tenga acceso constante a agua fresca y limpia. Puedes incentivar a tu gato a beber más agua usando fuentes de agua para gatos, que a menudo son más atractivas para ellos que los tazones de agua estáticos.

La reducción del estrés es crucial para prevenir problemas urinarios, especialmente la cistitis idiopática felina. Proporciona un entorno tranquilo y enriquecido para tu gato, con lugares seguros donde pueda retirarse y relajarse. Mantén una rutina constante y minimiza los cambios en el entorno de tu gato. Los difusores de feromonas sintéticas, como Feliway, pueden ayudar a reducir el estrés en el hogar.

Es fundamental mantener la caja de arena de tu gato limpia y en un lugar tranquilo. Algunos gatos pueden desarrollar problemas urinarios debido al estrés relacionado con la caja de arena sucia o en un lugar inapropiado. Limpia la caja de arena diariamente y asegúrate de que esté en un lugar accesible y privado para tu gato.

Las revisiones veterinarias regulares son esenciales para monitorear la salud urinaria de tu gato, especialmente si ha tenido problemas urinarios en el pasado. El veterinario puede realizar análisis de orina y otros exámenes para detectar problemas en etapas tempranas y recomendar tratamientos preventivos.

¿Cómo puedo ayudar a mi gato a dejar de morder cables?

Ayudar a tu gato a dejar de morder cables es esencial no solo para proteger tus pertenencias, sino también para garantizar la seguridad de tu mascota. Los gatos pueden morder cables por diversas razones, incluyendo curiosidad, aburrimiento, ansiedad o incluso problemas dentales. Aquí te explico de manera detallada cómo abordar este problema y cómo implementar soluciones efectivas.

Primero, es importante entender por qué tu gato está mordiendo cables. Los gatos jóvenes y los gatitos son particularmente curiosos y pueden morder cables como parte de su exploración del entorno. Los gatos adultos pueden morder cables debido al aburrimiento o la ansiedad. En algunos casos, puede ser un comportamiento compulsivo o una manera de aliviar molestias dentales.

Para abordar este comportamiento, comienza por asegurarte de que tu gato tiene suficientes estímulos y actividades para mantenerse ocupado. Los gatos que están aburridos o carecen de estimulación tienden a buscar actividades que pueden ser destructivas o peligrosas. Proporciona una variedad de juguetes interactivos que puedan captar la atención de tu gato. Los juguetes que simulan el movimiento de presas, como las varitas con plumas, los ratones de juguete y los juguetes láser, pueden ayudar a mantener a tu gato entretenido y reducir la necesidad de morder cables.

Además de los juguetes, es importante proporcionar oportunidades para que tu gato trepe, rasque y explore. Los árboles para gatos, los estantes montados en la pared y los rascadores pueden ofrecer la estimulación física y mental que tu gato necesita. Estos elementos también pueden proporcionar un lugar seguro y elevado donde tu gato pueda observar su entorno y sentirse seguro.

El enriquecimiento ambiental es clave para mantener a tu gato ocupado y reducir el comportamiento destructivo. Proporciona cajas, túneles y áreas de escondite donde tu gato pueda jugar y explorar. Los juguetes dispensadores de golosinas o rompecabezas alimentarios también pueden ser efectivos para mantener a tu gato mentalmente estimulado y ocupado.

Es crucial hacer que los cables sean menos atractivos y accesibles para tu gato. Una manera efectiva de hacer esto es usar cubiertas protectoras para cables, que pueden evitar que tu gato tenga acceso directo a los cables. Las cubiertas de plástico o los tubos de cableado son opciones asequibles y fáciles de instalar. También puedes usar organizadores de cables para mantener los cables fuera del alcance de tu gato.

Además de las cubiertas protectoras, puedes hacer que los cables sean menos atractivos al tacto y al gusto de tu gato. Aplica sustancias de sabor amargo en los cables, como aerosoles amargos diseñados específicamente para mascotas. Estos productos están formulados para tener un sabor desagradable y pueden disuadir a tu gato de morder los cables. Asegúrate de seguir las instrucciones del producto y de reaplicar según sea necesario para mantener su eficacia.

Otra estrategia es redirigir el comportamiento de morder a objetos apropiados. Proporciona juguetes para morder que sean seguros y atractivos para tu gato. Los juguetes de goma, los mordedores y los juguetes de hierba gatera pueden ser opciones efectivas. Si observas a tu gato morder cables, redirige suavemente su atención hacia uno de estos juguetes y recompénsalo cuando lo use en lugar de los cables.

El refuerzo positivo es una herramienta poderosa para cambiar el comportamiento de tu gato. Cada vez que tu gato muestre interés en los juguetes en lugar de los cables, recompénsalo con elogios, caricias o golosinas. Esto ayudará a reforzar el comportamiento deseado y a asociar los juguetes con experiencias positivas.

Si el comportamiento de morder cables persiste a pesar de tus esfuerzos, considera la posibilidad de que tu gato tenga un problema de ansiedad o estrés que necesite ser abordado. Los cambios en el entorno, la rutina o la presencia de nuevos animales o personas en el hogar pueden causar estrés en los gatos. Proporciona un entorno tranquilo y seguro, y considera el uso de difusores de feromonas sintéticas, como Feliway, para ayudar a reducir el estrés.

Si el comportamiento de morder cables continúa siendo un problema, consulta a un veterinario o a un especialista en comportamiento felino. Ellos pueden evaluar la situación de manera más detallada y proporcionar recomendaciones adicionales basadas en las necesidades específicas de tu gato.

¿Cuáles son los síntomas de una infección de oído en gatos?

Los gatos son criaturas fascinantes, y como cualquier ser vivo, pueden sufrir diversos problemas de salud, incluyendo infecciones de oído. Es importante estar atentos a los signos que pueden indicar este tipo de afección en nuestros amigos felinos.

Cuando un gato tiene una infección de oído, es común observar que sacude frecuentemente la cabeza o inclina la cabeza hacia un lado. Esto se debe a la incomodidad y el dolor que siente en el oído afectado. También puedes notar que se rasca constantemente las orejas con las patas traseras, a veces con tanta intensidad que puede llegar a lastimarse la piel alrededor de las orejas.

Otro síntoma muy característico es la presencia de un olor desagradable proveniente del oído. Este olor puede ser bastante fuerte y notorio, especialmente cuando te acercas a la cabeza del gato. Además, es posible que veas una secreción oscura o amarillenta saliendo del canal auditivo.

Esta secreción puede variar en consistencia, desde líquida hasta espesa y cerosa.

Los gatos con infecciones de oído a menudo muestran signos de malestar general. Pueden estar más irritables de lo normal, resistirse a que les toquen la cabeza o las orejas, y mostrar menos interés en jugar o interactuar. En algunos casos, puedes observar que el gato camina de forma inestable o parece desorientado, especialmente si la infección es grave o afecta el oído interno.

Es importante prestar atención a los cambios en el comportamiento del gato. Puede que notes que evita ciertas posiciones al dormir o que se frota la cabeza contra muebles o el suelo con más frecuencia de lo habitual. Algunos gatos incluso pueden perder el apetito o mostrar menos interés en su comida favorita debido al malestar general que sienten.

En casos más severos, la infección puede causar problemas de equilibrio. Podrías ver que el gato camina en círculos, tropieza o parece desorientado. Esto se debe a que el oído no solo es responsable de la audición, sino que también juega un papel crucial en el equilibrio del animal.

A veces, los gatos con infecciones de oído pueden presentar cambios en su comportamiento auditivo. Por ejemplo, pueden parecer menos reactivos a los sonidos o, por el contrario, mostrar una mayor sensibilidad a ruidos fuertes. Algunos gatos incluso pueden maullar más de lo habitual o producir sonidos de angustia debido al dolor o la incomodidad que sienten.

Es fundamental tener en cuenta que las infecciones de oído pueden ser muy dolorosas para los gatos. Aunque nuestros amigos felinos son expertos en ocultar el dolor, puedes notar signos sutiles como que el gato esté más callado de lo normal, busque lugares tranquilos para esconderse, o simplemente parezca menos activo o juguetón.

Si observas cualquiera de estos síntomas en tu gato, es crucial buscar atención veterinaria lo antes posible. Las infecciones de oído pueden empeorar rápidamente y, si no se

tratan, pueden llevar a complicaciones más graves, como daño permanente en el oído o problemas de equilibrio a largo plazo.
Recuerda que cada gato es único y puede mostrar los síntomas de manera diferente. Algunos gatos pueden exhibir varios de estos signos, mientras que otros pueden mostrar solo uno o dos. Lo más importante es conocer bien a tu gato y estar atento a cualquier cambio en su comportamiento o apariencia. La detección temprana y el tratamiento adecuado son clave para garantizar la salud y el bienestar de nuestros queridos compañeros felinos.

¿Cómo puedo evitar que mi gato salga de casa?

Evitar que tu gato salga de casa puede ser un desafío, especialmente si tu gato está acostumbrado a la vida al aire libre o es particularmente curioso. Sin embargo, mantener a tu gato dentro de casa es crucial para su seguridad, ya que reduce el riesgo de accidentes, enfermedades y otros peligros. Aquí te explico de manera detallada cómo puedes evitar que tu gato salga de casa y cómo proporcionarle un ambiente enriquecido y satisfactorio en el interior.

Primero, es fundamental asegurarte de que tu hogar sea un entorno atractivo y estimulante para tu gato. Los gatos necesitan estimulación física y mental para mantenerse felices y saludables. Proporciona una variedad de juguetes interactivos para que tu gato pueda jugar y ejercitarse. Los juguetes que imitan el movimiento de presas, como varitas con plumas y ratones de juguete, pueden mantener a tu gato entretenido y ayudar a satisfacer sus instintos de caza.

Además de los juguetes, es importante crear un entorno enriquecido con áreas para trepar, rascar y esconderse. Los árboles para gatos, los estantes montados en la pared y los rascadores pueden proporcionar lugares para que tu gato explore y ejercite. Estos elementos también pueden servir como puntos de observación desde los cuales tu gato puede mirar su entorno y sentirse seguro.

Las ventanas pueden ser una fuente de entretenimiento fascinante para los gatos. Coloca perchas de ventana o camas elevadas cerca de las ventanas para que tu gato pueda observar el exterior. Los pájaros, los insectos y el tráfico peatonal pueden mantener a tu gato interesado y ocupado durante horas. Para una experiencia más segura y controlada al aire libre, considera la instalación de una estructura de patio cerrado para gatos, conocida como "catio". Un catio permite a tu gato disfrutar del aire libre y del sol sin los riesgos asociados con la vida al aire libre.

Es crucial asegurarse de que todas las puertas y ventanas estén cerradas y seguras para evitar que tu gato se escape. Instala mallas o redes de seguridad en las ventanas para permitir la ventilación sin riesgo de que tu gato salga. Si tienes puertas corredizas, considera el uso de cerraduras adicionales para evitar que tu gato las abra accidentalmente.

Si tu gato intenta salir cuando se abre la puerta, puedes entrenarlo para que asocie la puerta con algo menos atractivo. Cada vez que abras la puerta, ofrece una distracción positiva, como un juguete o una golosina en otra área de la casa. Esto ayudará a redirigir su atención y a reducir el deseo de salir. También puedes utilizar comandos de entrenamiento y recompensas para enseñarle a tu gato a alejarse de la puerta.

El enriquecimiento ambiental también puede incluir juegos de búsqueda de alimentos y rompecabezas alimentarios que estimulen mentalmente a tu gato y lo mantengan ocupado. Esconde pequeñas cantidades de comida o golosinas en diferentes lugares de la casa para que tu gato las busque, imitando el comportamiento de caza natural.

Si tu gato está acostumbrado a salir, puede ser útil establecer una rutina de juego y ejercicio regular para ayudar a satisfacer sus necesidades de actividad física. Dedica tiempo cada día para jugar con tu gato, utilizando juguetes interactivos para mantenerlo activo y cansado. Un gato que está cansado y satisfecho es menos probable que busque escaparse.

Además, asegúrate de que tu gato tenga acceso a escondites y lugares tranquilos donde pueda retirarse y relajarse. Los gatos necesitan sentirse seguros y tener un lugar propio donde puedan descansar sin ser molestados. Las cajas, las camas cerradas y los estantes elevados pueden proporcionar estos refugios.

Si tu gato sigue insistiendo en salir, considera la posibilidad de usar un arnés y una correa para permitirle explorar el exterior de manera controlada. Esto requiere entrenamiento y paciencia, pero puede ser una forma segura de permitir que tu gato disfrute del aire libre sin los riesgos asociados con la vida al aire libre. Asegúrate de usar un arnés seguro y cómodo y de supervisar siempre a tu gato mientras esté afuera.

Es importante también tener en cuenta que algunos gatos pueden estar más ansiosos o estresados si no se les permite salir. Si notas cambios en el comportamiento de tu gato, como agresión, letargo o problemas con la caja de arena, consulta a tu veterinario o a un especialista en comportamiento animal para obtener orientación.

Si tienes varios gatos, asegúrate de que todos tengan suficiente espacio y recursos para evitar conflictos y estrés. Los gatos que compiten por recursos pueden ser más propensos a intentar salir para encontrar más espacio y tranquilidad.

¿Por qué mi gato me sigue al baño?

Es fascinante observar cómo nuestros gatos desarrollan comportamientos que a menudo nos resultan curiosos o incluso desconcertantes. El hecho de que tu gato te siga al baño es una de esas conductas que muchos dueños de gatos experimentan y que tiene raíces profundas en la naturaleza felina y en la relación que han desarrollado contigo.

En primer lugar, es importante entender que los gatos son criaturas sociales, aunque de una manera diferente a los perros o los humanos. En la naturaleza, los gatos viven en colonias y, aunque son cazadores solitarios, tienen fuertes vínculos con los miembros de su grupo. En el entorno doméstico, tú te has convertido en parte de su "colonia", y seguirte es una forma de mantener ese vínculo social.

Además, los gatos son criaturas de hábitos y rutinas. Han aprendido que ir al baño es parte de tu rutina diaria, y para ellos, participar en estas actividades cotidianas es una forma de sentirse incluidos y seguros. Es posible que tu gato haya notado que vas al baño en momentos regulares del día, y ha incorporado esto a su propia rutina.

La curiosidad también juega un papel importante en este comportamiento. Los gatos son naturalmente curiosos y les gusta explorar su entorno. El baño, con sus diferentes sonidos, olores y texturas, puede ser un lugar intrigante para ellos. Cada vez que entras, es como si se abriera una nueva oportunidad de exploración para tu felino amigo.

Otro aspecto a considerar es que los gatos son animales territoriales. El baño es parte de su territorio, y seguirte allí puede ser una forma de asegurarse de que todo está en orden en su dominio. Además, en la naturaleza, los momentos de vulnerabilidad, como cuando un animal está ocupado con sus necesidades, son oportunidades para los depredadores. Tu gato podría estar actuando por instinto, "vigilándote" mientras estás en una situación que él percibe como potencialmente vulnerable.

Es interesante notar que los gatos también pueden ver este momento como una oportunidad para recibir atención. En un hogar ocupado, el baño puede ser uno de los pocos lugares donde estás quieto y sin distracciones. Tu gato ha aprendido que este es un buen momento para buscar caricias o simplemente tu compañía sin competir con otras actividades.

La conexión emocional también juega un papel importante. Los gatos forman vínculos fuertes con sus dueños y pueden sentir ansiedad por la separación, aunque sea por cortos períodos. Seguirte al baño puede ser una forma de mantener ese contacto y asegurarse de que no desapareces misteriosamente.

Algunos expertos en comportamiento felino sugieren que este hábito también podría estar relacionado con el comportamiento de los gatos en la naturaleza. En las colonias felinas, es común que los gatos se acompañen mutuamente durante actividades como comer o hacer sus necesidades. Tu gato podría estar replicando este comportamiento social contigo.

Es importante mencionar que, aunque este comportamiento pueda parecer invasivo desde nuestra perspectiva humana, para los gatos es una muestra de confianza y afecto. No entienden el concepto de privacidad de la misma manera que nosotros, y para ellos, acompañarte en todas tus actividades es completamente natural.

Si este comportamiento te resulta molesto, puedes intentar distraer a tu gato con juguetes o establecer una rutina diferente cuando vas al baño. Sin embargo, es crucial entender que este hábito no es negativo y forma parte de cómo tu gato expresa su vínculo contigo.

¿Es normal que mi gato me amase con las patas?

Sí, es completamente normal que tu gato te amase con las patas, y este comportamiento se conoce comúnmente como "amasar". Amasar es una conducta instintiva y natural en los gatos que tiene varias explicaciones y significados. Aquí te explico de manera exhaustiva por qué los gatos amasan y qué puedes inferir de este comportamiento.

El amasado es un comportamiento que los gatos desarrollan desde muy temprana edad. Los gatitos comienzan a amasar mientras están lactando de su madre. Al amasar el vientre de la madre, los gatitos estimulan la producción de leche, lo que les facilita la alimentación. Este comportamiento queda asociado con la comodidad y el placer, por lo que muchos gatos continúan amasando en la adultez.

Cuando tu gato te amasa, generalmente lo hace porque se siente seguro, cómodo y feliz. Amasar a menudo es un signo de afecto y de confianza. Tu gato te ve como una figura protectora y maternal, y el amasado es una forma de expresar su vínculo contigo. Este comportamiento también puede ir acompañado de ronroneo, lo que refuerza aún más la idea de que tu gato se siente contento y relajado.

Además de ser un comportamiento de confort, amasar tiene otros propósitos. Los gatos tienen glándulas de olor en las patas, y cuando amasan, están dejando su aroma en el área que están amasando. Esto es una forma de marcar territorio y puede ser una señal para otros gatos de que el área (o en este caso, tú) es parte de su dominio.

El amasado también puede ser un comportamiento relacionado con la preparación para dormir. Los gatos salvajes amasan el follaje o la hierba para crear un área cómoda para descansar. Aunque los gatos domésticos no necesitan preparar su cama de la misma manera, este comportamiento instintivo puede persistir.

Para algunos gatos, amasar puede ser una manera de aliviar el estrés o la ansiedad. Si tu gato amasa con frecuencia durante momentos de tensión o cambios en el entorno, puede estar usando este comportamiento para calmarse. Proporcionar un entorno tranquilo y enriquecido puede ayudar a reducir la necesidad de tu gato de amasar como una forma de manejo del estrés.

En algunos casos, el amasado puede ser incómodo para ti, especialmente si tu gato saca las garras mientras lo hace. Si encuentras esto molesto, puedes intentar redirigir el comportamiento hacia una manta o un cojín que tu gato pueda amasar en su lugar. Proporcionar a tu gato una superficie suave y segura para amasar puede ayudar a satisfacer su necesidad de realizar este comportamiento sin causarte incomodidad.

Si tu gato amasa con demasiada frecuencia o de manera obsesiva, podría ser una señal de que necesita más estímulo o que está experimentando ansiedad. Asegúrate de que tu gato tenga suficiente entretenimiento y actividad física. Jugar con tu gato regularmente y proporcionarle juguetes interactivos puede ayudar a reducir cualquier comportamiento compulsivo.

¿Por qué mi gato se esconde en lugares extraños?

En primer lugar, es fundamental entender que los gatos son descendientes de depredadores solitarios. En la naturaleza, sus antepasados pasaban gran parte del tiempo escondidos, ya sea para acechar a sus presas o para protegerse de depredadores más grandes. Este instinto de buscar refugio está profundamente arraigado en su ADN, y se manifiesta incluso en el entorno seguro de nuestros hogares.

Los lugares estrechos y aparentemente incómodos que elige tu gato para esconderse en realidad le proporcionan una sensación de seguridad. Piensa en cajas, espacios detrás de muebles, o incluso el interior de un armario. Estos espacios ofrecen una visión clara de su entorno mientras limitan los ángulos desde los que podrían ser "atacados". Es una estrategia de supervivencia instintiva que les hace sentir protegidos y en control de su entorno.

Además, los gatos son animales territoriales y les gusta tener múltiples "bases" en su territorio. Cada escondite que tu gato elige se convierte en una especie de puesto de observación desde el cual puede vigilar su dominio. Esto explica por qué puedes encontrar a tu gato en lugares diferentes cada vez, como si estuviera haciendo rondas por su territorio.

El comportamiento de esconderse también puede estar relacionado con el manejo del estrés. Los gatos son sensibles a los cambios en su entorno y pueden buscar refugio cuando se sienten abrumados. Situaciones como visitas de extraños, ruidos fuertes, o incluso cambios en la rutina del hogar pueden llevar a tu gato a buscar un lugar tranquilo y seguro. En estos casos, los escondites actúan como un mecanismo de afrontamiento, permitiendo al gato regular sus emociones y sentirse más seguro.

La curiosidad innata de los gatos también juega un papel importante en este comportamiento. Los lugares extraños y aparentemente inaccesibles presentan un desafío interesante para ellos. Explorar y conquistar estos espacios es una forma de estimulación mental y física, algo crucial para el bienestar de un gato doméstico que no tiene las mismas oportunidades de caza y exploración que sus contrapartes salvajes.

Es interesante notar cómo este comportamiento puede variar según la personalidad individual del gato y sus experiencias pasadas. Algunos gatos pueden preferir escondites elevados, como la parte superior de armarios o estantes, lo que les da una vista panorámica de su entorno. Otros pueden optar por espacios más cerrados y oscuros, como debajo de la cama o dentro de cajas. Estas preferencias pueden estar influenciadas por experiencias tempranas en la vida del gato o simplemente por su temperamento individual.

El ciclo de sueño de los gatos también influye en su elección de escondites. Los gatos duermen mucho, alrededor de 12 a 16 horas al día, y necesitan lugares tranquilos y seguros para hacerlo. Los escondites extraños que eligen a menudo cumplen perfectamente con estos requisitos, proporcionándoles un refugio ideal para sus siestas.

Además, es importante considerar que los gatos tienen una percepción diferente del espacio en comparación con los humanos. Lo que para nosotros puede parecer un lugar incómodo o extraño, para un gato puede ser el refugio perfecto. Su flexibilidad y agilidad les permiten acomodarse en espacios que nos parecerían imposibles o incómodos.

En algunos casos, el comportamiento de esconderse puede ser una señal de que algo no está bien. Si notas un aumento repentino en este comportamiento, especialmente si va acompañado de otros cambios como pérdida de apetito o letargo, podría ser una indicación de que tu gato no se siente bien o está experimentando dolor. En estas situaciones, es importante prestar atención y considerar una visita al veterinario.

Es crucial respetar estos espacios de escondite de tu gato y no forzarlo a salir de ellos. Estos lugares son importantes para su bienestar emocional y físico. Proporcionar opciones seguras y adecuadas para esconderse, como cajas de cartón, árboles para gatos con espacios cerrados, o incluso muebles diseñados específicamente para gatos, puede ayudar a satisfacer esta necesidad de una manera que sea cómoda tanto para el gato como para ti.

¿Por qué mi gato me trae "regalos" como insectos o animales pequeños?

Si tu gato te trae "regalos" como insectos o animales pequeños, es importante entender que este comportamiento es instintivo y natural. Aunque puede ser desagradable para nosotros, para tu gato, es una forma de expresar comportamientos arraigados y, en algunos casos, su vínculo contigo. Aquí te explico de manera exhaustiva por qué tu gato puede estar haciendo esto y qué significa este comportamiento.

Los gatos son cazadores por naturaleza. Este instinto de caza está profundamente arraigado en su comportamiento, incluso en los gatos domésticos bien alimentados. En la naturaleza, los gatos cazan para alimentarse y también para practicar sus habilidades de caza. Aun cuando no necesitan cazar para sobrevivir, este instinto sigue presente y se manifiesta en su comportamiento diario.

Cuando tu gato te trae un "regalo", como un insecto, un ratón o un pájaro, puede estar demostrando su instinto de caza y su necesidad de practicar estas habilidades. Aunque tu gato no necesita cazar para comer, el acto de cazar y traer la presa a casa puede ser una manera de satisfacer sus impulsos naturales.

Otro motivo detrás de este comportamiento puede ser el deseo de compartir su éxito contigo. En el mundo salvaje, los gatos a menudo llevan su presa a un lugar seguro para consumirla, y en el caso de las madres, enseñan a sus crías a cazar y a alimentarse. Cuando tu gato te trae una presa, puede estar compartiendo su "recompensa" contigo, viéndote como parte de su familia. Esto puede ser una señal de afecto y un intento de enseñarte o cuidarte, similar a cómo una madre gata cuida de sus gatitos.

Además, este comportamiento puede ser una forma de interacción social. Los gatos son animales solitarios en su caza, pero son sociales en sus interacciones con sus compañeros humanos y otros gatos. Al traerte una presa, tu gato puede estar buscando reconocimiento y una respuesta de tu parte. Este es su modo de comunicarse y de mostrarte su logro.

El aburrimiento y la falta de estimulación pueden también jugar un papel importante en este comportamiento. Si tu gato no tiene suficiente actividad física o mental, puede recurrir a cazar y traerte presas como una forma de entretenerse y obtener atención. Asegúrate de que tu gato tenga suficientes juguetes y actividades para mantenerse ocupado. Los juguetes interactivos, los rompecabezas de comida y las sesiones de juego regulares pueden ayudar a satisfacer su necesidad de estimulación y reducir la probabilidad de que busque presas reales.

Para gestionar este comportamiento, considera las siguientes estrategias:

1. **Aumenta la estimulación y el ejercicio:** Proporciona a tu gato juguetes que simulen la caza, como varitas con plumas, ratones de juguete y juguetes interactivos. Jugar con tu gato regularmente ayudará a satisfacer sus instintos de caza y mantenerlo activo.

2. **Mantén a tu gato en el interior:** Si es posible, mantener a tu gato dentro de casa puede reducir la cantidad de presas que trae. Si tu gato insiste en salir, considera la posibilidad de usar un arnés y una correa para supervisar sus salidas al exterior de manera controlada.

3. **Enriquece el entorno interior:** Proporciona un entorno estimulante con rascadores, árboles para gatos y áreas elevadas para trepar. Esto ayudará a mantener a tu gato entretenido y satisfecho dentro de casa.

4. **Refuerza el comportamiento positivo:** Premia a tu gato con golosinas y elogios cuando juega con sus juguetes en lugar de cazar presas reales. Esto puede ayudar a redirigir su comportamiento de caza hacia actividades más apropiadas.

5. **Control de acceso al exterior:** Si tu gato tiene acceso al exterior, asegúrate de supervisar sus salidas. Instalar un catio (patio cerrado para gatos) puede ser una excelente manera de permitir que tu gato disfrute del aire libre sin los riesgos asociados con la caza de presas.

¿Por qué mi gato frota
su cabeza contra mí?

El comportamiento de tu gato de frotar su cabeza contra ti es una de las formas más encantadoras y significativas en que estos fascinantes animales se comunican con nosotros. Este gesto, conocido comúnmente como "cabezazo" o "bunting" en inglés, es mucho más que una simple muestra de afecto; es una compleja interacción que tiene raíces profundas en la biología y el comportamiento social de los felinos.

Para entender completamente este comportamiento, debemos remontarnos a la naturaleza salvaje de los gatos. En su estado natural, los gatos viven en colonias y utilizan el olfato como su principal medio de comunicación. Cada gato tiene glándulas odoríferas ubicadas en varias partes de su cuerpo, incluyendo la cabeza, específicamente en las mejillas, la barbilla, y la frente. Cuando un gato frota estas áreas contra algo o alguien, está dejando su olor único, una especie de "firma aromática".

En el contexto de una colonia felina, este comportamiento sirve para crear un olor grupal compartido. Los gatos se frotan entre sí y contra objetos en su territorio para establecer una identidad común. Es como si estuvieran diciendo: "Todos pertenecemos al mismo grupo". Cuando tu gato frota su cabeza contra ti, está esencialmente incluyéndote en su círculo social más cercano, marcándote como parte de su "familia".

Pero el significado va más allá. Este gesto también es una muestra de confianza y afecto. Al exponer una parte vulnerable de su cuerpo como la cabeza, tu gato está demostrando que se siente seguro y cómodo en tu presencia. Es una señal de que te considera un miembro confiable de su entorno y que se siente a gusto contigo.

Además, este comportamiento tiene un componente de solicitud de atención y cuidado. En las colonias felinas, el acicalamiento mutuo es una actividad social importante. Cuando tu gato frota su cabeza contra ti, podría estar invitándote a participar en este ritual social, esperando quizás que le acaricies o le rasques en respuesta.

Es interesante notar que la intensidad y frecuencia de este comportamiento pueden variar dependiendo del estado emocional de tu gato. Por ejemplo, podrías notar que tu gato te da más "cabezazos" cuando regresás a casa después de una ausencia prolongada, o cuando está ansioso por algo. En estos momentos, tu gato podría estar buscando reafirmar su conexión contigo o buscando consuelo y seguridad.

La localización específica donde tu gato elige frotarse también puede tener significado. Si tu gato frota principalmente su frente o la parte superior de su cabeza contra ti, podría estar mostrando un nivel de afecto y confianza aún mayor, ya que esta área es particularmente vulnerable.

Es importante mencionar que este comportamiento no solo está dirigido a los humanos. Observarás que tu gato también frota su cabeza contra muebles, esquinas de paredes, e incluso otros animales domésticos. En todos estos casos, el gato está dejando su olor y reclamando estos objetos o seres como parte de su territorio seguro.

Cabe destacar que responder positivamente a este gesto puede fortalecer tu vínculo con tu gato. Cuando tu gato te da un "cabezazo", acariciarlo suavemente o rascarle detrás de las orejas no solo le resulta placentero, sino que también refuerza la asociación positiva que tiene contigo.

Sin embargo, es crucial respetar los límites de tu gato. Aunque la mayoría de los gatos disfrutan de este tipo de interacción, algunos pueden tener días en los que prefieren menos contacto físico. Estar atento a las señales de tu gato y respetar sus preferencias es clave para mantener una relación saludable y feliz.

¿Qué significa cuando mi gato me mira fijamente?

La mirada fija de un gato es uno de los comportamientos más intrigantes y a menudo mal interpretados en el mundo felino. Cuando tu gato te mira fijamente, está participando en una forma de comunicación compleja y multifacética que tiene raíces profundas en su naturaleza como depredador y en su evolución junto a los seres humanos.

En primer lugar, es importante entender que en el mundo de los gatos, el contacto visual prolongado puede tener significados muy diferentes dependiendo del contexto. En la naturaleza, entre gatos desconocidos o en situaciones de confrontación, una mirada fija puede ser una señal de amenaza o desafío. Sin embargo, cuando se trata de la relación entre un gato y su humano de confianza, el significado suele ser completamente diferente y mucho más positivo.

Cuando tu gato te mira fijamente, a menudo está tratando de captar tu atención. Los gatos han aprendido a lo largo de su domesticación que el contacto visual es una forma efectiva de comunicarse con los humanos. Podría estar intentando decirte que tiene hambre, que quiere jugar, o simplemente que desea interactuar contigo de alguna manera. Es su forma de iniciar una "conversación" sin usar sonidos.

Además, la mirada fija de tu gato puede ser una expresión de afecto y confianza. En el mundo felino, cerrar los ojos o parpadear lentamente en presencia de otro ser es una señal de relajación y comodidad. Si notas que tu gato te mira fijamente y luego parpadea lentamente, está esencialmente enviándote un "beso de gato". Es una forma de decir "Me siento seguro contigo" o "Te aprecio". Responder con un parpadeo lento similar es una excelente manera de devolver este gesto de afecto.

La mirada fija también puede ser una forma de estudio y aprendizaje. Los gatos son criaturas curiosas y observadoras, y pueden pasar mucho tiempo simplemente observando a sus humanos para entender mejor sus comportamientos y rutinas. Cuando tu gato te mira fijamente mientras realizas tus actividades diarias, podría estar tratando de descifrar tus acciones o anticipar tus próximos movimientos.

En algunos casos, la mirada fija de tu gato podría estar relacionada con la anticipación. Si has establecido rutinas regulares, como alimentarlo a ciertas horas del día, tu gato podría mirarte fijamente como una forma de recordarte o expresar su expectativa de que es hora de comer o jugar. Los gatos son excelentes en reconocer patrones y pueden asociar ciertas acciones tuyas con resultados específicos que ellos desean.

Es fascinante notar cómo los gatos han adaptado este comportamiento específicamente para la comunicación con humanos. En las colonias felinas salvajes, los gatos rara vez se miran fijamente entre sí a menos que estén en una situación de conflicto. El hecho de que tu gato te mire fijamente de una manera no amenazante es un testimonio de la evolución de su relación con los humanos y su capacidad para adaptar sus comportamientos naturales a nuestro mundo.

La intensidad y duración de la mirada de tu gato también pueden proporcionar pistas sobre su estado emocional. Una mirada relajada, con los ojos parcialmente cerrados, suele indicar contentamiento y comodidad. Por otro lado, una mirada muy intensa con los ojos completamente abiertos podría indicar un estado de alerta o excitación, posiblemente en anticipación de juego o actividad.

Es importante mencionar que, aunque la mirada fija de tu gato suele ser un signo positivo, debes estar atento al lenguaje corporal general para interpretar correctamente su significado. Por ejemplo, si la mirada fija va acompañada de orejas echadas hacia atrás, cola inquieta o un maullido bajo, podría ser una señal de ansiedad o malestar.

También es crucial respetar los límites de tu gato cuando se trata de contacto visual. Aunque muchos gatos disfrutan de este tipo de interacción con sus humanos de confianza, una mirada directa y prolongada de tu parte podría ser percibida como amenazante o incómoda para algunos gatos. Observar la reacción de tu gato y permitirle romper el contacto visual cuando lo desee es una parte importante de mantener una relación respetuosa y cómoda.

¿Cómo puedo saber si mi gato es feliz?

Saber si tu gato es feliz puede parecer un desafío, ya que los gatos tienden a ser más reservados y menos expresivos que otros animales, como los perros. Sin embargo, hay muchas señales sutiles y no tan sutiles que pueden indicarte que tu gato está contento y satisfecho con su vida. Aquí te explico de manera exhaustiva cómo puedes identificar estas señales y comprender mejor el bienestar de tu gato.

Primero, observa el comportamiento general de tu gato. Un gato feliz tiende a tener un comportamiento tranquilo y relajado. Si tu gato se pasea con confianza por la casa, sin esconderse ni mostrar signos de estrés, es una buena indicación de que se siente seguro y contento en su entorno. Los gatos felices suelen tener una rutina diaria y muestran comportamientos de exploración y curiosidad, como investigar nuevos objetos o áreas de la casa.

El lenguaje corporal de tu gato también puede ofrecer pistas sobre su estado de ánimo. Un gato feliz a menudo tendrá una postura corporal relajada. Cuando está sentado o tumbado, puede estar con las patas metidas debajo del cuerpo o estirado en una posición cómoda. Si su cola está en alto y con una curva suave al final mientras camina, es una señal de que se siente seguro y feliz. El ronroneo es otra señal positiva, aunque no siempre indica felicidad (puede ser un signo de dolor o ansiedad en algunos casos), generalmente, si tu gato ronronea mientras lo acaricias o está cerca de ti, es una señal de satisfacción y confort.

Los ojos de tu gato también pueden decirte mucho sobre su estado emocional. Un gato feliz a menudo tiene los ojos medio cerrados y parpadea lentamente. Este parpadeo lento es un gesto de confianza y cariño en el mundo felino, conocido como el "beso de gato". Si tu gato te mira y parpadea lentamente, puedes devolverle el gesto para fortalecer vuestro vínculo.

El apetito y los hábitos alimenticios de tu gato son otras buenas indicaciones de su felicidad. Un gato feliz tiene un apetito saludable y disfruta de su comida. Si tu gato come regularmente y muestra interés en sus comidas, es una señal positiva. Por otro lado, una pérdida de apetito o cambios significativos en los hábitos alimenticios pueden ser signos de estrés, enfermedad o infelicidad.

El juego y la actividad física son cruciales para la felicidad de un gato. Los gatos felices son juguetones y activos. Si tu gato juega con sus juguetes, persigue objetos o interactúa contigo durante las sesiones de juego, es una buena señal de que está contento. Incluso los gatos mayores que pueden ser menos activos físicamente aún disfrutan de la estimulación mental a través de juegos más suaves y enriquecimiento ambiental.

El aseo personal es otro indicador importante de bienestar. Los gatos son animales muy limpios y un gato feliz se acicalará regularmente para mantener su pelaje limpio y en buen estado. Si tu gato deja de acicalarse o, por el contrario, se acicala en exceso hasta causar lesiones, puede ser una señal de estrés, ansiedad o problemas de salud.

La interacción social con los humanos y otros animales también puede revelar mucho sobre la felicidad de tu gato. Un gato feliz disfruta de la compañía de su familia humana y puede buscar atención, caricias y tiempo de juego. Si tu gato se frota contra ti, te da cabezazos cariñosos o se acomoda en tu regazo, son señales de afecto y comodidad. Los gatos que conviven con otros gatos o perros y se llevan bien con ellos, mostrando comportamientos de juego y aseo mutuo, también están demostrando señales de felicidad.

El entorno de tu gato juega un papel crucial en su bienestar. Proporcionar un entorno enriquecido con lugares para trepar, esconderse y observar puede mejorar la calidad de vida de tu gato. Los árboles para gatos, los rascadores, las perchas de ventana y los juguetes interactivos son excelentes maneras de mantener a tu gato estimulado y contento. Además, asegúrate de que tu gato tenga acceso a agua fresca, una dieta equilibrada y una caja de arena limpia en todo momento.

Finalmente, la rutina y la predictibilidad son importantes para los gatos. Un gato feliz se siente seguro en un entorno estable y predecible. Intenta mantener una rutina diaria consistente para las comidas, el juego y el tiempo de descanso. Los cambios bruscos en el entorno o la rutina pueden causar estrés en los gatos, por lo que es importante minimizar estas alteraciones tanto como sea posible.

¿Por qué mi gato hace "chirridos" en lugar de maullar?

Si tu gato hace "chirridos" en lugar de maullar, es un comportamiento interesante y relativamente común en el mundo felino. Los gatos pueden hacer una variedad de sonidos, y los chirridos son uno de ellos. Estos sonidos pueden tener diferentes significados y se utilizan en distintas situaciones. Aquí te explico de manera exhaustiva por qué tu gato podría estar haciendo chirridos en lugar de maullar y qué puedes inferir de este comportamiento.

Los chirridos, también conocidos como "trinos" o "canto de pájaro", son sonidos cortos y agudos que los gatos producen al cerrar rápidamente la boca después de abrirla para emitir un sonido. Este tipo de vocalización es más común en algunas razas de gatos, como los siameses, pero cualquier gato puede hacerlo. Los chirridos a menudo son un signo de excitación, curiosidad o entusiasmo.

Una de las razones más comunes por las que los gatos hacen chirridos es cuando están observando algo que les interesa, como aves, insectos u otros animales pequeños. Este comportamiento es particularmente común cuando tu gato está sentado en una ventana observando el exterior. Los chirridos en este contexto pueden ser una forma de imitar el sonido de las presas o una expresión de frustración por no poder alcanzarlas. Es como si tu gato estuviera "hablando" con las aves o insectos, tratando de llamar su atención o expresar su deseo de cazarlas.

Los chirridos también pueden ser una forma de comunicación entre gatos, especialmente entre madres y sus gatitos. Las madres gatas a menudo hacen chirridos para llamar a sus gatitos y guiarlos. Este tipo de vocalización puede persistir en los gatos adultos como una forma de comunicarse con otros gatos o incluso con sus dueños. Si tu gato hace chirridos cuando te ve o cuando se está acercando a ti, puede estar saludándote o tratando de llamar tu atención de manera afectuosa.

El contexto en el que tu gato hace chirridos puede proporcionarte pistas sobre su significado. Por ejemplo, si tu gato hace chirridos mientras juega o persigue un juguete, es probable que esté expresando emoción y entusiasmo. Los chirridos pueden ser una forma de decir "¡Estoy emocionado y listo para jugar!".

En algunos casos, los chirridos pueden ser una forma de expresar una necesidad o deseo. Si tu gato hace chirridos cuando está cerca de su comedero o cuando se acerca la hora de la comida, es probable que esté tratando de comunicarte que tiene hambre y está anticipando su comida. Los chirridos en este contexto pueden ser una manera de llamar tu atención para que le des de comer.

Los gatos también pueden hacer chirridos para expresar satisfacción y bienestar. Si tu gato está acurrucado a tu lado y emite chirridos suaves, es una señal de que se siente contento y seguro en tu presencia. Este tipo de vocalización puede ir acompañada de ronroneos, caricias y otros signos de afecto.

Es importante recordar que cada gato es un individuo y puede tener sus propias razones y contextos para hacer chirridos. Observar el lenguaje corporal y el entorno de tu gato cuando hace estos sonidos puede ayudarte a comprender mejor lo que está tratando de comunicar. Presta atención a otros signos como la posición de las orejas, la cola y los ojos para obtener una imagen más completa del estado emocional de tu gato.

¿Por qué mi gato se obsesiona con cajas y bolsas?

La fascinación de los gatos por las cajas y bolsas es un comportamiento que ha intrigado y divertido a los dueños de gatos durante mucho tiempo. Este aparente capricho felino tiene, en realidad, raíces profundas en la psicología y los instintos naturales de estos animales fascinantes.

Para entender esta obsesión, debemos primero considerar la naturaleza del gato como depredador. En su estado salvaje, los gatos son cazadores solitarios que dependen de la sorpresa y el sigilo para capturar a sus presas. Las cajas y bolsas proporcionan el escondite perfecto para un gato, permitiéndole observar su entorno sin ser visto. Este comportamiento está profundamente arraigado en su instinto de supervivencia, incluso en el cómodo entorno de nuestros hogares.

Además, los espacios pequeños y cerrados como cajas y bolsas ofrecen a los gatos una sensación de seguridad y confort. En la naturaleza, los gatos buscan lugares protegidos para descansar y refugiarse de posibles amenazas. Una caja o una bolsa simula perfectamente este tipo de refugio seguro. La sensación de estar rodeado por paredes en todos los lados, excepto uno, les proporciona una sensación de protección, permitiéndoles relajarse completamente.

El aspecto térmico también juega un papel importante en esta atracción. Los gatos tienen una temperatura corporal más alta que la de los humanos y buscan constantemente mantener su calor corporal. Las cajas, especialmente las de cartón, son excelentes aislantes y ayudan a los gatos a conservar su calor corporal. Esto explica por qué a menudo vemos a nuestros gatos acurrucados en cajas que parecen demasiado pequeñas para ellos; están maximizando la retención de calor.

La curiosidad innata de los gatos también contribuye a su obsesión con estos objetos. Las cajas y bolsas son elementos nuevos e interesantes en su entorno, y los gatos sienten una necesidad instintiva de explorarlos. Cada nueva caja o bolsa representa un territorio desconocido por conquistar, un nuevo rompecabezas para resolver. Esta exploración no solo es estimulante mentalmente para ellos, sino que también les permite ejercer control sobre su entorno, algo crucial para el bienestar de un gato.

El sonido y la textura de estos objetos también son atractivos para los gatos. El crujido de una bolsa de papel o el sonido de las garras arañando el cartón pueden ser muy estimulantes para sus sentidos agudos. Además, muchos gatos disfrutan de la textura del cartón para rascar, lo que les permite marcar su territorio y mantener sus garras en buenas condiciones.

Es interesante notar cómo este comportamiento puede variar entre gatos individuales. Algunos pueden preferir cajas más pequeñas donde apenas caben, mientras que otros optan por espacios más amplios. Esta preferencia puede estar relacionada con experiencias tempranas en la vida del gato o simplemente con su personalidad individual.

La atracción por las cajas y bolsas también puede ser una forma de manejar el estrés para los gatos. En situaciones de ansiedad o cuando se enfrentan a cambios en su entorno, los gatos a menudo buscan estos espacios confinados como una forma de autorregulación emocional. Es como si crearan su propio "espacio seguro" personal dentro del hogar.

Desde una perspectiva evolutiva, este comportamiento podría estar relacionado con la necesidad de los gatos de tener múltiples escondites en su territorio. En la naturaleza, tener varios lugares seguros para esconderse es crucial para la supervivencia. En nuestros hogares, las cajas y bolsas pueden representar estos diversos puntos de seguridad para nuestros gatos domésticos.

Es importante mencionar que, aunque este comportamiento es generalmente inofensivo y incluso beneficioso para el bienestar del gato, los dueños deben asegurarse de que las cajas y bolsas sean seguras. Las bolsas de plástico, por ejemplo, pueden representar un riesgo de asfixia y deben mantenerse fuera del alcance de los gatos.

Fomentar este comportamiento natural puede ser una excelente forma de enriquecimiento para tu gato. Proporcionar cajas de diferentes tamaños, con agujeros cortados para la exploración, o incluso crear "fortalezas de cartón" más elaboradas puede ser una forma maravillosa de estimular mental y físicamente a tu gato.

¿Por qué mi gato se revuelca en el suelo cuando me ve?

Si tu gato se revuelca en el suelo cuando te ve, es un comportamiento que puede tener varios significados y generalmente es una señal positiva. Este comportamiento puede ser una forma de comunicación y expresión de diferentes emociones y necesidades. Aquí te explico de manera exhaustiva por qué tu gato podría estar haciendo esto y qué significa.

En primer lugar, revolcarse en el suelo es una señal de confianza y comodidad. Los gatos son animales que necesitan sentirse seguros en su entorno para mostrar comportamientos relajados y vulnerables. Cuando tu gato se revuelca en el suelo al verte, está exponiendo su barriga, una parte muy vulnerable de su cuerpo. Esto indica que confía en ti y se siente seguro en tu presencia. Es una forma de decir que está cómodo y relajado contigo.

Otra razón por la que tu gato podría revolcarse en el suelo es para atraer tu atención. Los gatos aprenden rápidamente qué comportamientos obtienen una respuesta de sus dueños. Si tu gato ha notado que revolcarse en el suelo hace que lo mires, hables con él o te acerques, puede estar repitiendo este comportamiento para interactuar contigo. Es una manera de decir "mírame" o "juega conmigo".

El revolcarse también puede estar relacionado con la marcación de territorio. Los gatos tienen glándulas de olor en diferentes partes de su cuerpo, incluyendo las mejillas, las patas y la base de la cola. Al frotarse y revolcarse en el suelo, tu gato está dejando su olor en la superficie, marcando su territorio y comunicando que ese espacio es suyo. Este comportamiento es más común en áreas donde se siente seguro y feliz.

El comportamiento de revolcarse también puede estar relacionado con el juego. Los gatos disfrutan de juegos físicos y de la estimulación que proviene de revolcarse y rodar. Si tu gato se revuelca y luego salta, corre o se lanza hacia un juguete, es probable que esté en un estado de juego y diversión. Proporcionar juguetes interactivos y tiempo de juego regular puede ayudar a satisfacer esta necesidad de actividad física y mental.

Los gatos también pueden revolcarse en el suelo para estirarse y relajar sus músculos. Después de una siesta o un período de inactividad, es común que los gatos se estiren y revuelquen para aflojar sus músculos y prepararse para moverse. Este comportamiento es una parte natural de su rutina de cuidado personal.

En algunos casos, tu gato podría estar buscando alivio físico al revolcarse en el suelo. Si hay una superficie específica, como una alfombra o una zona soleada, que parece preferir, podría estar usando el revolcarse como una forma de masajear su cuerpo o disfrutar de la textura o la temperatura de esa superficie.

El estado emocional de tu gato también puede influir en este comportamiento. Los gatos que están contentos y relajados son más propensos a mostrar comportamientos de revolcarse. Si tu gato te saluda con un revolcón cuando llegas a casa, es una señal de que está feliz de verte y quiere mostrar su entusiasmo y afecto.

Es importante observar el contexto y el lenguaje corporal de tu gato cuando se revuelca en el suelo. Si su cuerpo está relajado, su cola está en una posición neutral o alta, y sus orejas están hacia adelante, es una señal de que está contento y relajado. Sin embargo, si su cuerpo está tenso, su cola está baja o se mueve rápidamente, y sus orejas están hacia atrás, podría estar mostrando signos de estrés o incomodidad.

Para fortalecer la relación con tu gato y responder adecuadamente a este comportamiento, puedes interactuar con él de manera positiva cuando se revuelca en el suelo. Habla suavemente, acarícialo si parece disfrutarlo y ofrécele juguetes para jugar. Esto reforzará el vínculo entre ustedes y hará que tu gato se sienta aún más seguro y contento en tu presencia.

¿Es normal que mi gato chupe mantas o ropa?

El comportamiento de un gato que chupa mantas o ropa es un fenómeno fascinante y relativamente común que intriga a muchos dueños de gatos. Aunque puede parecer extraño desde nuestra perspectiva humana, este hábito tiene raíces profundas en el desarrollo y la psicología felina, y generalmente se considera un comportamiento normal, aunque no todos los gatos lo exhiben.

Para entender por qué algunos gatos desarrollan este hábito, es importante considerar primero el comportamiento de los gatitos recién nacidos. Los gatitos, al nacer, tienen un fuerte instinto de succión que les permite alimentarse de su madre. Este comportamiento no solo está relacionado con la nutrición, sino que también proporciona confort y seguridad. En condiciones normales, este comportamiento disminuye a medida que el gatito crece y es destetado. Sin embargo, algunos gatos mantienen este hábito en la edad adulta, transfiriendo el comportamiento a objetos suaves como mantas o ropa.

Existen varias teorías sobre por qué algunos gatos adultos continúan con este comportamiento. Una de las más aceptadas sugiere que chupar objetos suaves es una forma de autorregulación emocional para los gatos. Puede ser una manera de manejar el estrés, la ansiedad o simplemente de buscar confort. Al igual que algunos niños chupan su pulgar para calmarse, los gatos pueden recurrir a este comportamiento cuando se sienten ansiosos o necesitan consuelo.

Otra teoría propone que este hábito puede estar relacionado con un destete prematuro. Los gatitos que son separados de su madre demasiado pronto pueden no haber satisfecho completamente su necesidad de succión durante la etapa de amamantamiento. Como resultado, pueden buscar satisfacer esta necesidad en objetos que les recuerden la suavidad y el calor de su madre.

Es interesante notar que ciertos materiales parecen ser más atractivos para los gatos que exhiben este comportamiento. Las telas suaves como la lana, el algodón o materiales sintéticos similares son a menudo los favoritos. Esto podría deberse a que estas texturas se asemejan a la sensación del pelaje de la madre gata, proporcionando una experiencia sensorial reconfortante.

Algunos gatos muestran una preferencia por objetos específicos, como una manta en particular o una prenda de ropa de su dueño. En estos casos, el olor familiar puede jugar un papel importante. Los gatos tienen un sentido del olfato muy desarrollado y pueden asociar ciertos olores con sentimientos de seguridad y confort.

Aunque este comportamiento es generalmente inofensivo, es importante estar atento a la frecuencia e intensidad con la que ocurre. En algunos casos, chupar mantas o ropa de manera excesiva puede ser un signo de estrés subyacente o ansiedad. Si notas que tu gato pasa una cantidad significativa de tiempo realizando este comportamiento, o si parece estar interfiriendo con sus actividades normales, podría ser aconsejable consultar con un veterinario para descartar cualquier problema de salud o de comportamiento.

Es crucial mencionar que, si bien es tentador intentar detener este comportamiento, hacerlo abruptamente puede causar más estrés al gato. En su lugar, proporcionar alternativas y enriquecimiento ambiental puede ser más beneficioso. Juguetes interactivos, rascadores, y tiempo de juego regular pueden ayudar a redirigir la energía del gato y proporcionar estimulación mental y física.

Algunos dueños de gatos han notado que este comportamiento a menudo va acompañado de "amasar" con las patas delanteras, un movimiento que recuerda al que hacen los gatitos cuando están mamando. Este "amasado" es otro comportamiento reconfortante que los gatos a menudo mantienen en la edad adulta y que está estrechamente relacionado con sentimientos de contentamiento y seguridad. Es importante tener en cuenta que, aunque chupar mantas o ropa es generalmente inofensivo, debes asegurarte de que tu gato no esté ingiriendo fibras de tela, ya que esto podría llevar a problemas digestivos. Observar de cerca este comportamiento y proporcionar objetos seguros para chupar, como juguetes diseñados específicamente para gatos, puede ayudar a mitigar cualquier riesgo potencial.

¿Por qué mi gato me despierta en medio de la noche?

Si tu gato te despierta en medio de la noche, este comportamiento puede tener varias causas y comprenderlas es fundamental para abordar y solucionar el problema. Los gatos son criaturas con patrones de sueño y actividad diferentes a los de los humanos, lo que puede llevar a interrupciones nocturnas. Aquí te explico de manera exhaustiva por qué tu gato podría estar despertándote en medio de la noche y qué puedes hacer al respecto.

Primero, es importante entender que los gatos son crepusculares por naturaleza, lo que significa que son más activos durante el amanecer y el atardecer. Este instinto proviene de sus ancestros salvajes, que cazaban presas pequeñas más activas durante estas horas. Aunque los gatos domésticos han adaptado su comportamiento en cierta medida, este patrón de actividad puede persistir, haciendo que tu gato esté más activo durante las primeras horas de la mañana o tarde en la noche.

Una de las razones más comunes por las que los gatos despiertan a sus dueños por la noche es el hambre. Si la última comida de tu gato es temprano en la noche, es posible que se despierte con hambre en medio de la noche y busque tu atención para que lo alimentes. Considera ofrecer una pequeña comida antes de acostarte o usar un comedero automático que dispense comida en horarios programados durante la noche. Esto puede ayudar a mantener a tu gato satisfecho y reducir las interrupciones nocturnas.

La falta de estimulación durante el día es otra causa común. Los gatos que no reciben suficiente ejercicio y estimulación mental durante el día pueden tener energía acumulada que necesitan liberar durante la noche. Asegúrate de jugar con tu gato y proporcionarle juguetes interactivos y enriquecimiento ambiental para mantenerlo ocupado y cansado durante el día. Sesiones de juego intensas antes de acostarte pueden ayudar a agotar su energía.

El comportamiento de despertarte también puede ser una búsqueda de atención. Los gatos aprenden rápidamente qué comportamientos obtienen una respuesta de sus dueños. Si tu gato descubre que despertarte en medio de la noche resulta en atención, caricias o incluso alimentación, puede repetir este comportamiento. Para desalentar este hábito, trata de no responder inmediatamente a las demandas nocturnas de tu gato. Ignorar los intentos de llamar tu atención puede ser difícil al principio, pero con el tiempo, tu gato aprenderá que no obtendrá la respuesta deseada.

El entorno de tu gato también puede influir en su comportamiento nocturno. Asegúrate de que tenga un lugar cómodo y tranquilo para dormir, lejos de ruidos y distracciones. Proporciona una cama acogedora y segura, y considera el uso de difusores de feromonas sintéticas, como Feliway, para crear un ambiente relajante. Si tu gato tiene un espacio propio donde se sienta seguro y cómodo, es más probable que duerma de manera continua durante la noche.

Los cambios en la rutina o en el entorno pueden causar estrés y ansiedad en los gatos, lo que puede llevar a despertares nocturnos. Si ha habido cambios recientes en tu hogar, como una mudanza, la llegada de un nuevo miembro de la familia o cambios en la rutina diaria, tu gato puede estar reaccionando a estos cambios. Proporciona estabilidad y un ambiente tranquilo para ayudar a tu gato a adaptarse y sentirse seguro.

Algunos problemas de salud también pueden causar despertares nocturnos en los gatos. Si tu gato está experimentando dolor, malestar digestivo, problemas urinarios u otras condiciones médicas, puede despertarse e intentar comunicar su incomodidad. Si los despertares nocturnos de tu gato son persistentes y están acompañados de otros signos de malestar o cambios en el comportamiento, es crucial llevarlo al veterinario para una evaluación completa.

¿Por qué mi gato se frota contra mi computadora o libros?

El comportamiento de tu gato de frotarse contra tu computadora o libros es una manifestación fascinante de la compleja comunicación felina y su forma de interactuar con su entorno y contigo. Este hábito, que puede parecer desconcertante o incluso molesto para los humanos, tiene raíces profundas en la naturaleza instintiva de los gatos y en su manera de relacionarse con su mundo.

En primer lugar, es importante entender que los gatos tienen glándulas odoríferas ubicadas en varias partes de su cuerpo, incluyendo las mejillas, la barbilla, y los costados. Cuando un gato se frota contra algo, está dejando su olor en ese objeto. Este comportamiento, conocido como "marcaje", es una forma fundamental de comunicación para los gatos. Al frotar su cuerpo contra tu computadora o libros, tu gato está esencialmente "marcando" estos objetos como parte de su territorio.

Pero ¿por qué elige específicamente tu computadora o tus libros? La razón es bastante interesante y está relacionada con la importancia que estos objetos tienen para ti. Los gatos son animales muy observadores y rápidamente notan qué cosas captan tu atención. Tu computadora y tus libros son objetos con los que pasas mucho tiempo interactuando, y tu gato lo ha notado. Al frotarse contra estos objetos, tu gato está mezclando su olor con el tuyo y con el de los objetos que consideras importantes. Es una forma de crear un "olor familiar" compartido, lo que en el mundo felino equivale a fortalecer los lazos sociales.

Además, este comportamiento puede ser una forma de buscar tu atención. Si tu gato nota que pasas mucho tiempo mirando la pantalla de tu computadora o leyendo libros, puede interpretar estos objetos como "competencia" por tu atención. Frotarse contra ellos es una manera de recordarte su presencia y posiblemente de intentar redirigir tu atención hacia él.

Es fascinante notar cómo este comportamiento se relaciona con la vida social de los gatos en la naturaleza. En las colonias felinas salvajes, los gatos se frotan entre sí y contra objetos en su territorio para crear un olor grupal compartido. Este olor común ayuda a identificar a los miembros del grupo y a marcar el territorio compartido. Cuando tu gato se frota contra tus pertenencias, está esencialmente tratándote a ti y a tus cosas como parte de su "colonia".

La textura y la temperatura de los objetos también pueden jugar un papel en este comportamiento. Las computadoras, especialmente cuando están en uso, generan calor, lo que puede ser atractivo para los gatos. Los libros, por otro lado, ofrecen una superficie interesante para frotarse, especialmente si tienen cubiertas texturizadas. Los gatos disfrutan de las sensaciones táctiles y pueden encontrar placentero el acto de frotarse contra diferentes texturas.

Es importante mencionar que este comportamiento también puede intensificarse en ciertas situaciones. Por ejemplo, si has estado fuera de casa por un tiempo, tu gato puede mostrarse más ansioso por remarcar sus objetos favoritos y a ti con su olor cuando regreses. Esto es una forma de reafirmar los lazos y de asegurarse de que todo en su territorio sigue "en orden".

Aunque generalmente este comportamiento es inofensivo, puede convertirse en un problema si tu gato interfiere constantemente con tu trabajo o lectura. En estos casos, proporcionar alternativas para el marcaje y la atención puede ser útil. Puedes ofrecer postes de rascado cerca de tu área de trabajo o juguetes interactivos que mantengan a tu gato ocupado mientras trabajas.

También es interesante considerar cómo este comportamiento puede variar entre gatos individuales. Algunos gatos pueden ser más propensos a marcar objetos que otros, dependiendo de su personalidad, nivel de seguridad en el entorno, y experiencias pasadas. Los gatos que se sienten más seguros y territoriales en su hogar pueden exhibir este comportamiento con mayor frecuencia.

¿Por qué mi gato se sienta en los lugares más incómodos?

Si tu gato se sienta en los lugares más incómodos, es probable que este comportamiento esté influenciado por una variedad de factores instintivos, de comportamiento y de entorno. Los gatos tienen razones específicas para elegir ciertos lugares, incluso si a nosotros nos parecen incómodos. Aquí te explico de manera exhaustiva por qué tu gato podría estar eligiendo esos lugares y qué significa este comportamiento.

Primero, es importante entender que los gatos son animales territoriales y buscan lugares que les proporcionen una sensación de seguridad y control sobre su entorno. Sentarse en lugares elevados o estratégicos les permite observar su territorio y detectar posibles amenazas o presas. Este comportamiento es instintivo y se remonta a sus ancestros salvajes, que necesitaban estar siempre alertas para sobrevivir. Por eso, es común ver a los gatos en estantes, respaldos de sofás o incluso en la parte superior de los electrodomésticos.

Otra razón por la que tu gato puede elegir lugares aparentemente incómodos es la atracción por el calor. Los gatos buscan naturalmente lugares cálidos para descansar, ya que tienen una temperatura corporal más alta que los humanos y disfrutan de ambientes cálidos. Es por eso que puedes encontrar a tu gato sentado en lugares como el teclado de la computadora, encima de un electrodoméstico en funcionamiento o en una ventana soleada. Estos lugares pueden parecer incómodos para nosotros, pero proporcionan el calor que los gatos anhelan.

La textura y el material también juegan un papel importante en la elección de los lugares donde tu gato se sienta. Los gatos pueden preferir superficies suaves, ásperas o incluso duras dependiendo de sus preferencias individuales. A veces, la atracción por un material en particular, como el cartón de una caja o la superficie dura de una mesa, puede ser más atractiva que una cama acolchada. Las cajas de cartón, por ejemplo, proporcionan una sensación de seguridad y protección, lo que puede ser reconfortante para los gatos.

La curiosidad es otro factor que influye en la elección de lugares inusuales. Los gatos son animales muy curiosos y les gusta explorar nuevos espacios y objetos en su entorno. Sentarse en lugares inusuales puede ser una forma de investigar y familiarizarse con su entorno. Esta curiosidad también puede llevarlos a sentarse en lugares donde pueden observar la actividad de la casa o estar cerca de sus dueños, incluso si esos lugares no parecen cómodos para nosotros.

La búsqueda de atención es otra razón por la cual los gatos pueden elegir lugares incómodos. Si tu gato descubre que sentarse en ciertos lugares, como encima de tus documentos o en tu teclado, atrae tu atención, puede repetir este comportamiento para interactuar contigo. Los gatos son muy buenos para aprender qué comportamientos les brindan la atención deseada, y pueden usar esto a su favor.

El comportamiento territorial también puede influir en la elección de los lugares donde tu gato se sienta. Marcar su territorio es una parte importante de la vida de un gato, y pueden hacer esto frotándose contra objetos o simplemente sentándose en ciertos lugares. Al ocupar estos espacios, tu gato está dejando su olor y estableciendo su presencia, lo que puede ser una forma de comunicación tanto con otros gatos como con los humanos.

Es importante proporcionar a tu gato opciones adecuadas y atractivas para descansar y observar su entorno. Ofrecer camas para gatos, árboles para gatos y superficies elevadas puede satisfacer su necesidad de estar en lugares estratégicos y cómodos. Colocar estas opciones cerca de ventanas o en áreas donde puedan observar la actividad de la casa puede ser especialmente atractivo para ellos.

¿Cómo puedo saber si mi gato tiene dolor?

Detectar si un gato tiene dolor puede ser un desafío significativo para los dueños, ya que estos animales son maestros en ocultar sus malestares. Esta habilidad para enmascarar el dolor es un instinto de supervivencia heredado de sus ancestros salvajes, para quienes mostrar debilidad podría atraer depredadores. Sin embargo, existen varias señales sutiles y cambios de comportamiento que pueden indicar que tu gato está experimentando dolor.

Una de las primeras cosas que podrías notar es un cambio en el comportamiento habitual de tu gato. Un gato que normalmente es social y cariñoso puede volverse distante o esconderse más de lo habitual. Por el contrario, un gato que suele ser independiente podría buscar más atención o volverse inusualmente apegado. Estos cambios en el comportamiento social pueden ser una indicación de que algo no está bien y que el gato podría estar experimentando dolor.

Los cambios en los hábitos de aseo también pueden ser una señal importante. Los gatos son conocidos por su meticulosidad en el aseo personal, por lo que si notas que tu gato ha dejado de acicalarse o, por el contrario, se lame o muerde excesivamente una zona particular de su cuerpo, podría ser una señal de dolor en esa área. Un pelaje desaliñado o grasiento, especialmente en un gato que normalmente se mantiene bien arreglado, puede ser una señal de que el dolor está interfiriendo con su rutina normal de aseo.

La forma en que tu gato se mueve también puede proporcionar pistas valiosas. Un gato con dolor puede moverse de manera diferente, quizás cojeando, moviéndose más lentamente de lo habitual, o mostrando renuencia a saltar o subir escaleras. Podrías notar que tu gato evita ciertas posiciones o que parece incómodo al sentarse o acostarse. Algunos gatos pueden mostrar rigidez al levantarse después de estar acostados por un tiempo.

Los cambios en los patrones de sueño también pueden ser indicativos de dolor. Un gato que duerme más de lo habitual o que parece inquieto y no puede encontrar una posición cómoda para descansar podría estar experimentando malestar. Observa si tu gato cambia frecuentemente de posición mientras descansa o si parece incapaz de relajarse completamente.

La expresión facial de un gato puede ser sorprendentemente reveladora. Un gato con dolor puede tener los ojos entrecerrados o puede mantener una expresión tensa. Algunos gatos pueden mostrar dilatación de las pupilas cuando están experimentando dolor agudo. Las orejas pueden estar ligeramente hacia atrás o aplanadas contra la cabeza, lo que puede ser sutil pero notablemente diferente de su postura normal de las orejas.

Los cambios en los hábitos alimenticios y de uso del arenero también pueden ser signos de dolor. Un gato que de repente pierde el apetito o muestra menos interés en la comida podría estar experimentando dolor, especialmente si esto va acompañado de pérdida de peso. Del mismo modo, si notas que tu gato tiene dificultades para usar el arenero, ya sea entrando y saliendo o al adoptar la posición para hacer sus necesidades, esto podría indicar dolor en las articulaciones o en el abdomen.

La vocalización es otra forma en que los gatos pueden expresar dolor. Aunque algunos gatos se vuelven más silenciosos cuando experimentan dolor, otros pueden volverse más vocales. Maullidos inusuales, gruñidos, o sonidos de baja intensidad al ser tocados o al moverse pueden ser indicativos de malestar.

Es importante notar que el dolor puede manifestarse de manera diferente dependiendo de su causa y ubicación. Por ejemplo, un gato con dolor dental puede babear más de lo habitual o puede mostrar preferencia por la comida blanda sobre la seca. Un gato con dolor abdominal podría adoptar una postura encorvada o mostrar sensibilidad al tacto en el área del vientre.

La respiración también puede ser un indicador de dolor. Un gato que respira más rápido de lo normal o que parece estar jadeando sin haber realizado actividad física podría estar experimentando dolor o malestar.

Es crucial recordar que estos signos pueden ser sutiles y fáciles de pasar por alto, especialmente porque los gatos tienden a ocultar su dolor. Además, muchos de estos signos pueden ser indicativos de diversas condiciones médicas, no solo de dolor. Por lo tanto, si sospechas que tu gato podría estar experimentando dolor, es fundamental consultar con un veterinario para un diagnóstico adecuado.

Conocer el comportamiento normal de tu gato es clave para detectar estos cambios. Cada gato es único, y lo que puede ser normal para uno puede ser inusual para otro. Observar regularmente a tu gato y estar atento a cualquier cambio en su comportamiento, por pequeño que sea, puede ayudarte a detectar problemas de salud, incluido el dolor, en sus etapas iniciales.

¿Por qué mi gato mueve la cola rápidamente cuando está sentado?

El movimiento rápido de la cola de un gato cuando está sentado es una fascinante forma de comunicación no verbal que a menudo intriga y confunde a los dueños de gatos. Este comportamiento, aparentemente simple, en realidad puede transmitir una variedad de emociones y estados mentales complejos, y entenderlo requiere una comprensión profunda del lenguaje corporal felino.

En primer lugar, es importante reconocer que la cola de un gato es una herramienta de comunicación increíblemente versátil. A diferencia de los perros, cuyo movimiento de cola generalmente indica felicidad, los gatos utilizan su cola para expresar una gama mucho más amplia de emociones. Cuando un gato está sentado y mueve su cola rápidamente, esto generalmente indica un estado de excitación o tensión emocional.

Esta excitación puede tener varias causas. En muchos casos, un movimiento rápido de la cola mientras el gato está sentado puede ser un signo de frustración o irritación. Imagina a tu gato mirando por la ventana y viendo un pájaro o una ardilla que no puede alcanzar. La frustración de no poder cazar o interactuar con ese estímulo puede manifestarse en ese movimiento rápido de la cola. Es como si el gato estuviera canalizando su energía contenida a través de ese movimiento.

En otros contextos, este movimiento de cola puede ser un signo de conflicto interno. Por ejemplo, si tu gato está en una situación donde se siente atraído por algo pero al mismo tiempo tiene miedo o incertidumbre, puede expresar esta ambivalencia a través del movimiento rápido de su cola. Esto se ve comúnmente cuando un gato está interesado en interactuar con un objeto o incluso con otro animal, pero no está completamente seguro de si es seguro hacerlo.

Es crucial notar que el movimiento de la cola es solo una parte del lenguaje corporal general del gato. Para interpretar correctamente lo que tu gato está comunicando, debes observar todo su cuerpo. La posición de las orejas, la dilatación de las pupilas, la postura general del cuerpo y cualquier vocalización que el gato pueda estar haciendo, todo contribuye al mensaje general que está tratando de transmitir. Por ejemplo, si el movimiento rápido de la cola va acompañado de orejas erguidas y hacia adelante, y ojos alerta y enfocados, probablemente indica un estado de interés intenso o anticipación. Por otro lado, si las orejas están ligeramente hacia atrás y el cuerpo parece tenso, podría ser una señal de que el gato se siente amenazado o incómodo con algo en su entorno.

Es importante también considerar el contexto en el que ocurre este comportamiento. Si notas que tu gato mueve rápidamente la cola cuando estás a punto de alimentarlo o jugar con él, probablemente es una señal de anticipación emocionada. En este caso, el movimiento de la cola es similar a la forma en que un humano podría moverse inquietamente cuando está esperando algo con ansias.

Otro factor a tener en cuenta es la individualidad de cada gato. Al igual que los humanos, cada gato tiene su propia personalidad y formas únicas de expresarse. Algunos gatos pueden ser más propensos a expresar sus emociones a través del movimiento de la cola, mientras que otros pueden ser más vocales o utilizar otras formas de lenguaje corporal.

Es fascinante notar cómo este comportamiento puede cambiar rápidamente. Un gato puede pasar de mover rápidamente la cola a mantenerla completamente quieta o cambiar a un movimiento lento y ondulante en cuestión de segundos, reflejando cambios rápidos en su estado emocional o en su percepción del entorno.

Entender este comportamiento puede ser crucial para mantener una buena relación con tu gato y para su bienestar general. Si notas que tu gato mueve rápidamente la cola con frecuencia, especialmente en situaciones que normalmente no deberían causar estrés, podría ser una señal de que algo en su entorno le está causando ansiedad o frustración crónica. En estos casos, puede ser útil examinar el entorno del gato y considerar si hay cambios que podrían ayudar a reducir su estrés.

¿Es seguro darle a mi gato hierba gatera?

Darle hierba gatera a tu gato es seguro y puede ser una excelente forma de enriquecer su entorno y estimular su comportamiento. La hierba gatera, también conocida como catnip, proviene de la planta Nepeta cataria y contiene un compuesto químico llamado nepetalactona que tiene un efecto particular en muchos gatos. Aquí te explicaré de manera exhaustiva por qué la hierba gatera es segura, cómo afecta a los gatos y cómo puedes usarla de manera efectiva.
Primero, es importante entender que la respuesta de los gatos a la hierba gatera es genética y no todos los gatos reaccionan a ella. Aproximadamente entre el 50% y el 75% de los gatos son sensibles a la nepetalactona, mientras que el resto no muestra ninguna reacción. La sensibilidad a la hierba gatera es hereditaria, y los gatitos generalmente no responden a ella hasta que tienen entre 3 y 6 meses de edad.
La hierba gatera es completamente segura para los gatos. La nepetalactona actúa como un estimulante cuando los gatos la huelen y puede provocar una variedad de comportamientos, como rodar, frotarse, maullar, saltar y juguetear. Estos efectos son temporales y suelen durar entre 10 y 15 minutos. Después de este tiempo, los gatos suelen perder interés en la hierba gatera y pueden no responder nuevamente hasta varias horas más tarde. No es adictiva y no hay evidencia de que tenga efectos negativos a largo plazo.
El consumo de hierba gatera también es seguro. Si tu gato mastica o ingiere la hierba gatera, el efecto suele ser más calmante que estimulante. Algunos gatos pueden volverse

somnolientos o relajados después de ingerirla. Es importante ofrecer la hierba gatera en cantidades moderadas para evitar que el gato ingiera grandes cantidades de una sola vez, lo que podría causar malestar estomacal.

La hierba gatera se puede usar de varias maneras para beneficiar a tu gato. Puedes espolvorear hierba gatera seca sobre los juguetes de tu gato, en su cama o en su árbol para gatos. Esto puede animarlo a jugar y explorar, proporcionando un excelente ejercicio y enriquecimiento mental. También puedes rellenar juguetes específicos para hierba gatera con la planta seca, lo que puede mantener a tu gato entretenido y activo durante más tiempo.

Otra forma popular de usar la hierba gatera es en spray. El spray de hierba gatera se puede aplicar a superficies y objetos para atraer a tu gato y fomentar el uso de esos artículos. Por ejemplo, si quieres que tu gato use un nuevo rascador o cama, rociar un poco de hierba gatera puede ayudar a atraerlo y hacer que se sienta más cómodo con el nuevo objeto.

La hierba gatera fresca es otra opción. Puedes cultivar tu propia planta de hierba gatera en casa y ofrecer hojas frescas a tu gato. Esto no solo proporciona una fuente constante de estimulación, sino que también es una actividad divertida para ti como dueño. Asegúrate de que la planta esté en un lugar seguro donde tu gato pueda acceder a ella sin causar daños a otras plantas.

Es importante observar cómo tu gato reacciona a la hierba gatera y ajustar su uso en consecuencia. Algunos gatos pueden volverse muy excitados o agresivos, especialmente si hay otros gatos presentes. Si notas que tu gato muestra comportamientos agresivos o indeseados, es mejor limitar el uso de la hierba gatera y observar cómo se comporta en diferentes situaciones.

Además, es útil tener en cuenta que los efectos de la hierba gatera pueden disminuir con el tiempo si se usa con demasiada frecuencia. Para mantener la efectividad, considera usar la hierba gatera como un tratamiento especial en lugar de un elemento cotidiano. Esto ayudará a mantener la respuesta de tu gato fresca y entusiasta.

¿Por qué mi gato bebe agua del grifo y no de su cuenco?

El comportamiento de tu gato de preferir beber agua directamente del grifo en lugar de su cuenco es un fenómeno fascinante que tiene raíces en la naturaleza instintiva de los felinos y en su evolución. Este hábito, que puede parecer extraño o incluso molesto para algunos dueños, en realidad nos revela mucho sobre cómo los gatos perciben su entorno y cómo sus instintos influyen en sus comportamientos cotidianos.

Para entender esta preferencia, debemos primero considerar la historia evolutiva de los gatos. Los antepasados salvajes de nuestros gatos domésticos evolucionaron en ambientes donde el agua estancada a menudo era insegura para beber, potencialmente contaminada con bacterias o parásitos. Como resultado, desarrollaron una preferencia instintiva por el agua corriente, que es más probable que sea fresca y segura. Este instinto persiste en nuestros gatos domésticos, incluso cuando viven en hogares donde el agua del cuenco es perfectamente segura y se cambia regularmente.

El agua que fluye del grifo satisface este instinto ancestral de buscar agua fresca y en movimiento. Además, el sonido y el movimiento del agua del grifo pueden ser muy atractivos para los gatos. Muchos gatos se sienten fascinados por el agua en movimiento y pueden pasar largos períodos observándola o jugando con ella. Este interés no solo se limita al grifo; muchos gatos también muestran fascinación por otras fuentes de agua en movimiento, como inodoros, regaderas de jardín o incluso fuentes decorativas.

Otro factor que puede influir en esta preferencia es la frescura y el sabor del agua. El agua que fluye directamente del grifo suele estar más fría y puede tener un sabor más fresco que el agua que ha estado en un cuenco durante horas. Los gatos tienen un sentido del gusto muy desarrollado y pueden ser sensibles a sutiles diferencias en el sabor del agua.

La posición del cuenco de agua también puede jugar un papel en esta preferencia. En la naturaleza, los gatos prefieren beber agua que está lejos de sus lugares de alimentación y descanso. Esto se debe a que, en un entorno salvaje, el agua cerca de las áreas de alimentación podría estar contaminada con restos de presas. Si el cuenco de agua de tu gato está demasiado cerca de su comida o en un lugar que no le resulta cómodo, podría preferir buscar agua en otros lugares, como el grifo.

Además, algunos gatos pueden encontrar incómoda la posición que deben adoptar para beber de un cuenco en el suelo. Beber del grifo les permite mantener una postura más erguida y natural, lo que algunos gatos pueden encontrar más cómodo, especialmente si tienen problemas de articulaciones o son mayores.

Es importante mencionar que algunos gatos pueden desarrollar esta preferencia simplemente por curiosidad o por haber descubierto que es una experiencia agradable. Si en algún momento tu gato tuvo acceso al agua del grifo y le gustó, puede haber desarrollado un hábito que ahora prefiere sobre beber del cuenco.

La calidad del agua también puede ser un factor. Si el agua del grifo en tu área es particularmente buena, tu gato puede preferirla sobre el agua que ha estado en un cuenco durante horas y que puede haber acumulado polvo o cambiado ligeramente de sabor.

Este comportamiento también puede ser una forma de llamar la atención. Si tu gato ha aprendido que saltar al fregadero o pedir agua del grifo resulta en interacción contigo (incluso si es para regañarlo), puede repetir este comportamiento para obtener atención.

Es importante notar que, aunque este comportamiento es generalmente inofensivo, puede ser problemático si lleva a que tu gato no beba suficiente agua cuando no tiene acceso al grifo. Los gatos necesitan mantenerse bien hidratados para su salud general, y la falta de hidratación adecuada puede llevar a problemas de salud, especialmente en el tracto urinario.

Para abordar esta preferencia, muchos dueños de gatos optan por proporcionar fuentes de agua para mascotas, que imitan el flujo de agua corriente. Estas fuentes no solo satisfacen el instinto del gato de beber agua en movimiento, sino que también ayudan a mantener el agua fresca y oxigenada.

¿Por qué mi gato siempre se sienta en mi teclado?

Si tu gato siempre se sienta en tu teclado, es un comportamiento que puede resultar tanto entrañable como frustrante. Sin embargo, hay varias razones detrás de esta conducta que pueden ayudarte a entender por qué tu gato actúa de esta manera. Aquí te explicaré de forma exhaustiva por qué tu gato se siente atraído por tu teclado y qué puedes hacer al respecto.

Primero, los gatos son animales que buscan comodidad y calidez. Los teclados de las computadoras portátiles y los escritorios de trabajo suelen ser lugares cálidos debido al calor generado por los dispositivos electrónicos. Los gatos tienen una temperatura corporal más alta que los humanos y disfrutan de lugares cálidos para descansar. Sentarse en tu teclado proporciona a tu gato una fuente de calor agradable, especialmente si la habitación es fría.

Además del calor, los gatos son muy curiosos y les encanta estar en el centro de la actividad. Cuando te sientas a trabajar en tu computadora, es probable que estés enfocado en la pantalla y en el teclado. Tu gato puede sentirse atraído por la acción y el movimiento, y sentarse en el teclado es una forma de participar en lo que estás haciendo. Los gatos disfrutan de estar involucrados en la actividad de sus dueños y, al sentarse en el teclado, tu gato está encontrando una manera de estar cerca de ti y de lo que estás haciendo.

La búsqueda de atención es otra razón importante. Los gatos son muy buenos para aprender qué comportamientos obtienen la atención de sus dueños. Si tu gato se da cuenta de que sentarse en el teclado hace que lo mires, lo acaricies o incluso lo retires suavemente, puede repetir este comportamiento para llamar tu atención. Los gatos pueden sentirse solos o aburridos y pueden buscar interacción de esta manera.

El teclado también puede ser un lugar cómodo debido a su superficie elevada. A los gatos les gusta sentarse en lugares altos desde donde pueden observar su entorno. Esto les da una sensación de seguridad y control sobre su territorio. El teclado de la computadora puede proporcionar una vista elevada de la habitación, lo que hace que tu gato se sienta seguro y protegido.

El comportamiento territorial también puede influir. Los gatos tienen glándulas de olor en sus patas y pueden dejar su aroma al caminar o sentarse en diferentes superficies. Al sentarse en tu teclado, tu gato está marcando el territorio con su olor, lo que puede ser una forma de comunicación tanto contigo como con otros animales en el hogar. Esta acción refuerza su presencia y establece su dominio en el área.

Para manejar este comportamiento y redirigir a tu gato, considera las siguientes estrategias:

1. **Proporciona una alternativa atractiva:** Ofrece a tu gato un lugar cálido y cómodo cerca de tu área de trabajo. Puedes colocar una cama para gatos, una

manta o una almohadilla térmica en un lugar cercano pero fuera del teclado. Esto puede atraer a tu gato a descansar allí en lugar de en tu teclado.

2. **Juguetes y enriquecimiento:** Mantén a tu gato entretenido y ocupado con juguetes interactivos, rascadores y juegos que desafíen su mente y cuerpo. Los juguetes que simulan la caza pueden mantener a tu gato activo y reducir la necesidad de buscar atención mientras trabajas.

3. **Sesiones de juego programadas:** Dedica tiempo cada día para jugar con tu gato, especialmente antes de sentarte a trabajar. Jugar con tu gato y proporcionarle ejercicio físico puede ayudar a reducir su necesidad de atención durante tu tiempo de trabajo.

4. **Refuerzo positivo:** Recompensa a tu gato cuando se sienta en los lugares designados en lugar de en tu teclado. Usa golosinas y elogios para reforzar el comportamiento deseado y ayudar a tu gato a asociar esos lugares con experiencias positivas.

5. **Bloqueo físico:** Si tu gato insiste en sentarse en el teclado, considera el uso de barreras físicas para bloquear el acceso. Puedes colocar una tapa de teclado cuando no lo estés usando o cerrar la computadora portátil. Esto puede disuadir a tu gato y dirigirlo hacia otras áreas.

6. **Espacios elevados:** Proporciona estantes o perchas elevados cerca de tu área de trabajo. A los gatos les encanta observar desde alturas y estas áreas pueden ser más atractivas que el teclado.

Entender las razones detrás del comportamiento de tu gato y proporcionar alternativas adecuadas puede ayudar a reducir las interrupciones mientras trabajas y mantener a tu gato contento. Con paciencia y estrategias adecuadas, puedes encontrar un equilibrio que funcione tanto para ti como para tu gato.

¿Cómo puedo saber si mi gato está aburrido?

Detectar si un gato está aburrido puede ser un desafío para muchos dueños, ya que los gatos son maestros en ocultar sus emociones y no siempre expresan su aburrimiento de manera obvia. Sin embargo, existen varias señales y comportamientos que pueden indicar que tu felino compañero está experimentando aburrimiento, y es crucial estar atento a estos signos para mantener el bienestar emocional y físico de tu mascota.

Uno de los primeros indicios de aburrimiento en un gato puede ser un aumento en el tiempo que pasa durmiendo. Si bien los gatos son conocidos por dormir muchas horas al día, un gato aburrido puede dormir aún más de lo habitual. Esto se debe a que, en ausencia de estímulos interesantes, el sueño se convierte en una forma de pasar el tiempo. Sin embargo, es importante diferenciar entre el sueño normal y un aumento excesivo que podría indicar aburrimiento o incluso un problema de salud subyacente.

Otro signo de aburrimiento puede ser un cambio en el comportamiento alimenticio. Un gato aburrido puede mostrar más interés en la comida, no necesariamente porque tenga hambre, sino porque comer se convierte en una de las pocas actividades estimulantes disponibles. Esto puede llevar a un aumento de peso si no se controla. Por otro lado, algunos gatos aburridos pueden perder interés en la comida, especialmente si están acostumbrados a que la alimentación sea una experiencia emocionante o interactiva.

El comportamiento destructivo es otra señal común de aburrimiento en los gatos. Si notas que tu gato de repente comienza a arañar muebles que antes ignoraba, a morder plantas, a derribar objetos de estantes o a jugar agresivamente con cortinas o tapicería, podría estar buscando formas de estimularse. Este comportamiento es especialmente común en gatos jóvenes o enérgicos que no reciben suficiente estimulación mental y física.

Un aumento en el acicalamiento excesivo también puede ser un indicio de aburrimiento. Mientras que el aseo es un comportamiento natural y saludable en los gatos, el aburrimiento puede llevar a un acicalamiento obsesivo que puede resultar en la pérdida de pelo o incluso en lesiones en la piel. Este comportamiento repetitivo puede ser una forma de auto-estimulación cuando no hay otros estímulos interesantes en el entorno.

Los cambios en la interacción social también pueden indicar aburrimiento. Un gato aburrido puede volverse más demandante de atención, siguiéndote constantemente, maullando más de lo habitual o incluso mostrando comportamientos molestos para llamar tu atención. Por otro lado, algunos gatos aburridos pueden volverse más retraídos y pasar más tiempo solos, especialmente si sus intentos previos de buscar interacción o estimulación no han sido satisfactorios.

Observar el comportamiento de tu gato durante las horas de vigilia puede proporcionar pistas valiosas. Un gato que pasa mucho tiempo mirando por la ventana, especialmente si muestra signos de frustración como el movimiento rápido de la cola, podría estar anhelando más estimulación. Del mismo modo, un gato que parece inquieto, moviéndose de un lugar a otro sin propósito aparente, podría estar buscando algo interesante que hacer.

Es importante notar que el aburrimiento en los gatos puede manifestarse de manera diferente dependiendo de la personalidad individual del gato. Algunos gatos responden al aburrimiento volviéndose más vocales, mientras que otros pueden volverse más silenciosos. Algunos pueden buscar más interacción con sus dueños o con otros animales en la casa, mientras que otros pueden volverse más solitarios.

La falta de interés en juguetes o actividades que antes disfrutaban también puede ser una señal de aburrimiento. Si tu gato solía emocionarse con ciertos juguetes o juegos y ahora los ignora, podría ser que necesita nuevos estímulos o diferentes tipos de enriquecimiento ambiental.

Es crucial recordar que algunos de estos comportamientos también pueden ser indicativos de problemas de salud, por lo que siempre es importante descartar causas médicas, especialmente si los cambios de comportamiento son repentinos o severos.

Para abordar el aburrimiento en los gatos, es esencial proporcionar un ambiente enriquecido con oportunidades para el juego, la exploración y la estimulación mental. Esto puede incluir la rotación regular de juguetes, la creación de espacios verticales para trepar, la provisión de rompecabezas de alimentos, y dedicar tiempo diario para jugar e interactuar con tu gato. Para gatos que viven en interiores, considerar opciones seguras para explorar el exterior, como un catio o paseos supervisados con arnés, puede proporcionar una estimulación adicional valiosa.

¿Por qué mi gato tiene miedo de los pepinos?

El fenómeno de los gatos que reaccionan con miedo ante los pepinos ha ganado notoriedad en internet en los últimos años, con numerosos videos mostrando gatos saltando o huyendo al ver un pepino colocado sigilosamente cerca de ellos. Esta reacción, que a primera vista puede parecer cómica o inexplicable, en realidad tiene raíces profundas en la psicología y los instintos naturales de los gatos.

Para entender esta reacción, es importante primero considerar que los gatos no tienen un miedo innato a los pepinos específicamente. Lo que realmente está sucediendo es una respuesta de sobresalto a un objeto inesperado que aparece repentinamente en su entorno. Los gatos son criaturas de hábitos y son muy conscientes de su entorno inmediato. Cuando un objeto desconocido aparece de repente en un lugar donde no estaba antes, especialmente si esto ocurre mientras el gato está distraído (por ejemplo, comiendo), la reacción natural es de sorpresa y potencial alarma.

La forma alargada y el color verde del pepino pueden jugar un papel en la intensidad de la reacción. En la naturaleza, los objetos alargados y verdes podrían representar potenciales depredadores, como serpientes. Aunque los gatos domésticos no tienen necesariamente experiencia directa con serpientes, el instinto de estar alerta ante formas que podrían representar una amenaza está profundamente arraigado en su comportamiento.

Es crucial entender que la reacción del gato no es tanto al pepino en sí, sino a la aparición repentina e inesperada de un objeto desconocido en su espacio personal. Si colocáramos otro objeto de tamaño y forma similar de manera igualmente sorpresiva, probablemente obtendríamos una reacción similar.

La intensidad de la reacción también puede estar influenciada por las experiencias pasadas del gato y su personalidad individual. Algunos gatos son naturalmente más nerviosos o fácilmente sobresaltables que otros. Además, si un gato ha tenido experiencias negativas o traumáticas en el pasado, puede ser más propenso a reaccionar de manera exagerada ante estímulos inesperados.

El contexto en el que se introduce el pepino también es importante. Muchos de los videos virales muestran pepinos colocados cerca de los platos de comida de los gatos. Los gatos son particularmente vulnerables mientras comen, ya que es un momento en el que bajan la guardia. En la naturaleza, este sería un momento de vulnerabilidad ante los depredadores, por lo que cualquier sorpresa durante la alimentación puede desencadenar una respuesta de "lucha o huida" particularmente intensa.

Es fundamental entender que, aunque estas reacciones pueden parecer divertidas para los humanos, pueden ser estresantes y potencialmente traumáticas para los gatos. El estrés repetido puede llevar a problemas de comportamiento y de salud a largo plazo. Por esta razón, los expertos en comportamiento felino desaconsejan enérgicamente asustar a los gatos de esta manera a propósito.

En lugar de intentar provocar estas reacciones, es más beneficioso para el bienestar del gato introducir nuevos objetos, incluyendo alimentos como los pepinos, de manera gradual y positiva. Permitir que el gato explore nuevos objetos a su propio ritmo, asociándolos con experiencias positivas como premios o juegos, puede ayudar a prevenir miedos irracionales y fomentar la confianza del gato en su entorno.

Es interesante notar que no todos los gatos reaccionan con miedo a los pepinos. Algunos pueden mostrar curiosidad o indiferencia. Esto subraya la importancia de considerar la personalidad individual de cada gato y sus experiencias pasadas al interpretar sus comportamientos.

En un contexto más amplio, esta reacción nos recuerda la complejidad del comportamiento felino y cómo los instintos arraigados continúan influyendo en nuestros gatos domésticos. Aunque viven en nuestros hogares y están bien cuidados, los gatos mantienen muchos de los instintos de supervivencia de sus ancestros salvajes.

¿Qué significa cuando mi gato "caza" objetos inanimados?

Cuando observamos a nuestros gatos "cazando" objetos inanimados, estamos presenciando una fascinante manifestación de sus instintos naturales más profundos. Este comportamiento, que puede parecer curioso o incluso cómico para nosotros, es en realidad una expresión fundamental de la naturaleza felina y nos ofrece una ventana única a la psicología y los impulsos innatos de nuestros compañeros domésticos.

Para entender este comportamiento, debemos primero considerar la historia evolutiva de los gatos. Los gatos domésticos descienden de cazadores solitarios cuya supervivencia dependía de su habilidad para cazar pequeñas presas. Aunque nuestros gatos de casa no necesitan cazar para sobrevivir, los instintos y habilidades que evolucionaron durante miles de años permanecen profundamente arraigados en su psique.

Cuando un gato "caza" un objeto inanimado, como un juguete, una bola de papel o incluso un calcetín, está ejercitando una serie de comportamientos instintivos que son cruciales para la caza exitosa en la naturaleza. Este proceso típicamente comienza con la observación: el gato notará un movimiento o una característica interesante del objeto que desencadena su instinto de caza. Luego, pasará a la fase de acecho, donde se agachará, moverá la cola de lado a lado, y posiblemente incluso temblará ligeramente en anticipación.

La fase de acecho es seguida por el ataque, que suele ser rápido y preciso. El gato saltará sobre el objeto, lo agarrará con sus patas delanteras y posiblemente lo morderá. Esta secuencia de comportamientos imita exactamente cómo un gato cazaría una presa viva en la naturaleza. Después del "ataque", muchos gatos continuarán jugando con el objeto, lanzándolo al aire, persiguiéndolo, o incluso "matándolo" con patadas de las patas traseras, un movimiento diseñado para romper el cuello de una presa.

Este comportamiento de caza es increíblemente importante para el bienestar físico y mental de los gatos. Proporciona estimulación mental, ejercicio físico, y satisface una necesidad psicológica profunda. Incluso los gatos bien alimentados y que nunca han cazado una presa real sienten este impulso, lo que demuestra cuán profundamente está arraigado este comportamiento.

Es interesante notar que diferentes gatos pueden tener preferencias por diferentes tipos de "presas" inanimadas. Algunos pueden preferir juguetes que hacen ruido, imitando el sonido de pequeños roedores. Otros pueden sentirse más atraídos por objetos con plumas, que pueden recordarles a las aves. Algunos gatos incluso pueden desarrollar una obsesión por ciertos objetos específicos, como gomas elásticas o bolas de papel de aluminio. Estas preferencias pueden estar influenciadas por experiencias tempranas, la textura del objeto, o simplemente la personalidad única del gato.

El momento en que los gatos eligen "cazar" también puede ser significativo. Muchos gatos se vuelven más activos durante el crepúsculo y el amanecer, un patrón de comportamiento conocido como crepuscular, que refleja cuándo sus ancestros salvajes serían más propensos a cazar. Si notas que tu gato se vuelve particularmente juguetón y "cazador" durante estas horas, estás observando este ritmo natural en acción.

Es importante mencionar que este comportamiento de caza no solo es normal, sino que es saludable y debe ser fomentado. Proporcionar a los gatos oportunidades para expresar este comportamiento a través de juguetes apropiados y sesiones de juego interactivo es crucial para su bienestar. Los juguetes que imitan el movimiento de presas, como varas con plumas o ratones de juguete, pueden ser particularmente efectivos para satisfacer este instinto.

Sin embargo, si notas que tu gato está "cazando" objetos de manera obsesiva o está dirigiendo este comportamiento hacia objetos inapropiados o peligrosos, podría ser una señal de que necesita más estimulación o que podría haber un problema subyacente. En estos casos, aumentar el tiempo de juego, proporcionar más enriquecimiento ambiental, o consultar con un veterinario puede ser beneficioso.

Además, es fascinante observar cómo este comportamiento de caza puede variar entre gatos individuales. Algunos gatos pueden ser cazadores muy entusiastas, constantemente en busca de algo para "atrapar", mientras que otros pueden ser más selectivos o menos interesados. Esto puede deberse a diferencias en personalidad, nivel de energía, o incluso experiencias pasadas.

¿Por qué mi gato se lame a sí mismo después de que lo toco?

Si tu gato se lame a sí mismo después de que lo tocas, este comportamiento puede ser causado por varias razones, todas ellas relacionadas con los instintos naturales y las costumbres de los gatos. Aquí te explico de manera exhaustiva por qué tu gato podría estar haciendo esto y qué significa este comportamiento.

Primero, es importante entender que el acicalamiento es una parte fundamental del comportamiento de los gatos. Los gatos pasan una gran cantidad de tiempo acicalándose para mantener su pelaje limpio, eliminar parásitos y regular su temperatura corporal. Lamerse es una acción natural y relajante para los gatos, y también es una forma de mantener su piel y su pelaje en buen estado.

Una de las razones por las que tu gato se lame después de que lo tocas puede ser que está ajustando su olor. Los gatos tienen glándulas de olor en varias partes de su cuerpo, y al lamerse, están distribuyendo su propio olor por todo su pelaje. Cuando los tocas, estás dejando tu olor en su pelaje, y al lamerse después, tu gato está redistribuyendo su propio olor y reafirmando su identidad territorial. Esto es una forma de comunicación y de marcar territorio que es muy importante para los gatos.

Otra razón puede ser que tu gato está simplemente continuando con su rutina de acicalamiento. Los gatos tienen horarios de acicalamiento establecidos y pueden ser muy meticulosos con su higiene. Si interrumpes a tu gato durante su rutina de acicalamiento, es probable que continúe lamiéndose después de que lo toques para completar el proceso y asegurarse de que todo su pelaje esté en orden.

El acicalamiento también puede ser una respuesta al estrés o una forma de calmarse. Aunque el contacto contigo puede ser agradable para tu gato, algunos gatos pueden sentirse ligeramente estresados o incómodos después de ser tocados, especialmente si no están acostumbrados a mucha manipulación. Lamerse puede ser una forma de aliviar esa pequeña tensión y regresar a un estado de calma. Esta acción tiene un efecto tranquilizante y ayuda a los gatos a sentirse más seguros y relajados.

Además, lamerse después de ser tocado puede ser una forma de reestablecer el pelaje. Cuando acaricias a tu gato, puedes alterar la disposición de su pelaje. Al lamerse, tu gato está recolocando cada pelo en su lugar y asegurándose de que su pelaje esté suave y limpio según sus estándares.

El comportamiento de lamerse también puede estar relacionado con la transferencia de olores. Los gatos son muy sensibles a los olores, y pueden detectar cualquier cosa que hayas tocado antes de acariciarlos. Si tu gato huele algo inusual en su pelaje, es probable que intente eliminarlo lamiéndose para regresar a su olor familiar. Esto puede incluir olores de otros animales, productos de limpieza o cualquier cosa que hayas tocado.

Finalmente, el acicalamiento después de ser tocado puede ser un comportamiento aprendido. Si tu gato ha desarrollado la costumbre de lamerse después del contacto humano, puede continuar haciéndolo como parte de su rutina habitual. Este comportamiento puede haberse reforzado con el tiempo y se ha convertido en una respuesta automática.

Para comprender mejor este comportamiento, observa a tu gato y el contexto en el que se lame después de ser tocado. Si el acicalamiento es breve y relajado, es probable que sea simplemente parte de su rutina de higiene. Si notas que tu gato se lame de manera excesiva o muestra signos de incomodidad, puede ser útil considerar si hay algo en su entorno que le esté causando estrés o si hay un cambio en su salud.

¿Es normal que mi gato duerma tanto?

Sí, es completamente normal que tu gato duerma tanto. Los gatos son conocidos por pasar una gran parte del día durmiendo, y este comportamiento es una parte natural de su biología y de sus instintos. Aquí te explicaré de manera exhaustiva por qué los gatos duermen tanto, qué es considerado normal y cómo puedes asegurarte de que tu gato esté durmiendo de manera saludable.

Primero, es importante entender que los gatos son crepusculares, lo que significa que son más activos durante el amanecer y el atardecer. En la naturaleza, los gatos salvajes cazan durante estas horas porque sus presas, como roedores y aves, están más activas. Debido a esta pauta de actividad, los gatos domésticos han heredado este comportamiento, lo que significa que duermen durante gran parte del día y de la noche, y tienen períodos de actividad principalmente al amanecer y al atardecer.

En promedio, un gato adulto puede dormir entre 12 y 16 horas al día, y algunos gatos pueden dormir hasta 20 horas en un período de 24 horas. Los gatitos y los gatos mayores tienden a dormir aún más que los gatos adultos jóvenes. Este alto nivel de sueño permite a los gatos conservar energía para sus períodos de actividad y caza.

El sueño de los gatos también incluye diferentes etapas, similares a las de los humanos. Los gatos pasan por períodos de sueño ligero y profundo. Durante el sueño ligero, que constituye la mayor parte de su tiempo de sueño, los gatos están en estado de alerta y pueden despertar rápidamente si detectan alguna amenaza. En el sueño profundo, que es menos frecuente pero crucial para su bienestar, los gatos experimentan la fase REM (movimiento ocular rápido), durante la cual pueden soñar. Esta fase es importante para el desarrollo del cerebro y la reparación del cuerpo.

El entorno y la salud de tu gato también influyen en sus patrones de sueño. Los gatos que se sienten seguros y cómodos en su entorno tienden a dormir más. Si tu hogar es tranquilo y tu gato tiene lugares acogedores y seguros para descansar, es probable que pase más tiempo durmiendo. Los gatos también buscan lugares cálidos y cómodos para dormir, como camas suaves, almohadas o áreas soleadas.

La dieta y el nivel de actividad de tu gato pueden afectar su sueño. Un gato bien alimentado y con un equilibrio adecuado de nutrientes tendrá más energía para sus períodos de actividad, seguidos por períodos de descanso y sueño. Asegurarte de que tu gato tenga suficiente estimulación y ejercicio durante sus horas de vigilia también es importante. Jugar con tu gato y proporcionarle juguetes interactivos puede ayudar a mantenerlo activo y saludable, lo que a su vez puede influir positivamente en sus patrones de sueño.

Es importante observar a tu gato y estar atento a cualquier cambio en sus patrones de sueño que pueda indicar un problema de salud. Si tu gato de repente comienza a dormir mucho más de lo habitual o muestra signos de letargo, falta de apetito, pérdida de peso, cambios en el comportamiento o problemas para moverse, puede ser un signo de que algo no está bien. En estos casos, es crucial llevar a tu gato al veterinario para una evaluación completa.

Algunas condiciones médicas que pueden afectar el sueño de los gatos incluyen la artritis, las enfermedades renales, los problemas tiroides, las infecciones y otros problemas de salud crónicos. Un chequeo regular con el veterinario puede ayudar a detectar estos problemas a tiempo y asegurarte de que tu gato esté recibiendo el cuidado adecuado.

¿Por qué mi gato ignora los juguetes que le compro?

Si tu gato ignora los juguetes que le compras, no estás solo; muchos dueños de gatos experimentan esta frustración. Los gatos son criaturas únicas con preferencias individuales, y hay varias razones por las que un gato puede no mostrar interés en ciertos juguetes. Aquí te explico de manera exhaustiva por qué esto puede estar ocurriendo y qué puedes hacer para encontrar juguetes que capten su atención.

Primero, es importante entender que los gatos tienen instintos de caza muy desarrollados. Los juguetes que imitan el comportamiento de presas pueden ser más atractivos para ellos. Los gatos están naturalmente atraídos por el movimiento, especialmente por movimientos que simulan a sus presas naturales, como los ratones y las aves. Si un juguete no se mueve de manera que active estos instintos de caza, es probable que tu gato lo ignore.

Los gatos también pueden ser muy selectivos con respecto a las texturas y los materiales de los juguetes. Algunos gatos prefieren juguetes de peluche, mientras que otros pueden preferir juguetes de goma o de plástico. La clave es experimentar con diferentes tipos de materiales para ver cuál prefiere tu gato. Además, los juguetes con plumas o que hacen ruido, como los que contienen cascabeles o papel crujiente, pueden ser más atractivos para algunos gatos.

El tamaño y la forma del juguete también pueden influir en el interés de tu gato. Algunos gatos prefieren juguetes pequeños que pueden golpear y llevar en la boca, mientras que otros pueden sentirse atraídos por juguetes más grandes que pueden patear y luchar. Observa cómo juega tu gato de manera natural y busca juguetes que imiten esos comportamientos.

La interacción humana es otro factor crucial. Muchos gatos no muestran interés en los juguetes que se les dejan solos. En cambio, prefieren jugar interactuando con sus dueños. Los juguetes interactivos, como las varitas con plumas o los juguetes láser, pueden ser más exitosos porque implican la participación activa del dueño. Dedica tiempo cada día para jugar con tu gato usando estos tipos de juguetes. No solo fomentará la actividad física, sino que también fortalecerá el vínculo entre tú y tu gato.

Es posible que tu gato también se aburra de los juguetes si no hay suficiente variación. Los gatos necesitan estimulación mental y pueden perder interés en los mismos juguetes con el tiempo. Intenta rotar los juguetes disponibles para mantener el interés de tu gato. Guarda algunos juguetes y reintrodúcelos después de unas semanas para que parezcan nuevos y emocionantes nuevamente.

La salud y el estado de ánimo de tu gato también pueden afectar su interés en los juguetes. Si tu gato está letárgico, no come bien o muestra otros signos de malestar, puede estar experimentando un problema de salud que afecta su deseo de jugar. Si notas cambios en el comportamiento de tu gato, es importante llevarlo al veterinario para una evaluación completa.

El entorno en el que vive tu gato puede influir en su comportamiento de juego. Un entorno enriquecido con lugares para trepar, esconderse y observar puede hacer que tu gato se sienta más seguro y dispuesto a jugar. Proporciona árboles para gatos, estantes elevados y áreas de descanso cómodas para fomentar el comportamiento exploratorio y de juego.

Si bien algunos gatos prefieren ciertos tipos de juguetes, otros pueden disfrutar de juguetes caseros. Las cajas de cartón, los rollos de papel higiénico vacíos y las bolas de papel de aluminio pueden ser juguetes muy atractivos para los gatos. La simplicidad de estos objetos y la capacidad de manipularlos fácilmente pueden captar el interés de tu gato de maneras que los juguetes comprados en la tienda no lo hacen.

¿Qué puedo hacer si mi gato tiene sobrepeso?

Si tu gato tiene sobrepeso, es importante abordar el problema de manera integral para mejorar su salud y calidad de vida. Lo primero que debes hacer es consultar con un veterinario para descartar cualquier problema de salud subyacente y obtener una evaluación profesional del estado de tu gato. El veterinario podrá determinar el peso ideal para tu felino y te ayudará a establecer un plan de adelgazamiento seguro y efectivo.

Una vez que tengas el visto bueno del veterinario, es hora de enfocarse en la dieta de tu gato. Reducir la ingesta calórica es fundamental, pero debe hacerse de manera gradual para evitar problemas de salud. Puedes comenzar por medir cuidadosamente las porciones de comida y reducirlas lentamente a lo largo de varias semanas. Es crucial elegir alimentos de alta calidad específicamente formulados para gatos con sobrepeso o para control de peso. Estos alimentos suelen tener un menor contenido calórico pero mantienen los nutrientes esenciales que tu gato necesita.

Además de controlar las porciones, es importante establecer horarios de alimentación regulares. En lugar de dejar comida disponible todo el día, ofrece a tu gato comidas pequeñas y frecuentes en horarios fijos. Esto ayuda a regular su metabolismo y evita que coma por aburrimiento. Si tienes varios gatos, puede ser necesario alimentarlos por separado para asegurarte de que el gato con sobrepeso no esté comiendo las raciones de los demás.

Los premios y golosinas también deben ser considerados en el plan de adelgazamiento. Muchos dueños no se dan cuenta de cuántas calorías extra están proporcionando a través de estos snacks. Si no puedes eliminar completamente los premios, opta por alternativas bajas en calorías o usa pequeñas porciones de la comida regular del gato como recompensa.

El ejercicio es otro componente crucial para ayudar a tu gato a perder peso. Los gatos domésticos, especialmente los que viven en interiores, tienden a ser sedentarios, lo que contribuye al aumento de peso. Incrementa gradualmente la actividad física de tu gato mediante juegos interactivos. Utiliza juguetes como varas con plumas, punteros láser o pelotas para estimular su instinto de caza y hacerlo moverse. Dedica al menos 10-15 minutos, dos o tres veces al día, a sesiones de juego activo.

Además de los juegos, puedes hacer que tu entorno doméstico sea más estimulante para tu gato. Proporciona árboles para gatos, estantes o perchas en diferentes niveles para fomentar el salto y la escalada. Esconde pequeñas porciones de comida alrededor de la casa para que tu gato tenga que "cazar" su alimento, lo que no solo lo ejercita sino que también estimula su mente.

El enriquecimiento ambiental es importante para prevenir el aburrimiento, que a menudo lleva a comer en exceso. Rota los juguetes de tu gato regularmente para mantener su interés y considera introducir puzles alimentarios que hagan que tu gato trabaje para obtener su comida.

Es crucial tener paciencia durante este proceso. La pérdida de peso en los gatos debe ser gradual para ser saludable. Un ritmo de pérdida de peso de alrededor del 1-2% del peso corporal por semana es generalmente seguro. Monitorea regularmente el peso de tu gato y ajusta el plan según sea necesario.

Recuerda que el sobrepeso en los gatos puede llevar a problemas de salud graves como diabetes, enfermedades cardíacas y problemas articulares, por lo que abordar este problema es fundamental para la salud a largo plazo de tu felino. Mantén una comunicación abierta con tu veterinario durante todo el proceso de pérdida de peso y no dudes en consultar si notas cambios preocupantes en el comportamiento o la salud de tu gato.

Con dedicación, paciencia y un enfoque integral que incluya una dieta adecuada, ejercicio regular y enriquecimiento ambiental, puedes ayudar a tu gato a alcanzar y mantener un peso saludable, mejorando significativamente su calidad de vida y bienestar general.

¿Por qué mi gato hace sonidos de "clic" con la boca?

Si tu gato hace sonidos de "clic" con la boca, este comportamiento puede parecer extraño, pero es bastante común en los gatos. Estos sonidos, a menudo descritos como "chirridos" o "clics", generalmente ocurren cuando tu gato está observando algo que despierta su instinto de caza, como un pájaro o un insecto. Aquí te explico de manera exhaustiva por qué tu gato podría estar haciendo estos sonidos y qué significan.

Los sonidos de "clic" con la boca suelen estar asociados con el instinto de caza de los gatos. Este comportamiento es más común cuando un gato está observando una presa potencial que no puede alcanzar, como un pájaro fuera de la ventana o un insecto en el techo. Los gatos son cazadores naturales, y este comportamiento puede ser una manifestación de su frustración por no poder capturar a la presa.

Una teoría sugiere que estos sonidos son una forma de imitar los movimientos de mordida que harían si estuvieran cazando y capturando a su presa. Al observar a la presa, los gatos pueden hacer estos sonidos mientras mueven rápidamente la mandíbula, como si estuvieran simulando la mordida final que darían para inmovilizar a su presa. Este comportamiento puede ser un reflejo instintivo que se activa en situaciones de alta excitación o frustración.

Otra teoría es que los sonidos de "clic" pueden ser una forma de comunicación. Aunque los gatos domésticos no necesitan cazar para alimentarse, este comportamiento puede ser una forma de expresar su interés y excitación por la presa que están observando. Al hacer estos sonidos, el gato puede estar comunicando su frustración y deseo de cazar a otros gatos cercanos, o simplemente liberando la tensión acumulada al no poder alcanzar a su objetivo.

El entorno en el que tu gato se encuentra también puede influir en la frecuencia con la que hace estos sonidos. Si tu gato pasa mucho tiempo observando el exterior desde una ventana, es probable que vea muchas aves y otros animales que activen su instinto de caza. Esto puede llevar a un aumento en los sonidos de "clic" a medida que tu gato reacciona a estas vistas emocionantes pero inalcanzables.

Es importante observar el contexto en el que tu gato hace estos sonidos. Si los hace mientras está relajado y en otras situaciones no relacionadas con la caza, podría ser un signo de un problema dental o de salud que necesita ser revisado por un veterinario. Sin embargo, si los sonidos de "clic" ocurren principalmente cuando tu gato está observando una presa potencial, es probable que se trate de un comportamiento normal relacionado con su instinto de caza.

Para ayudar a manejar este comportamiento y proporcionar una salida saludable para los instintos de caza de tu gato, puedes proporcionar juguetes interactivos que simulen el comportamiento de la presa. Juguetes como varitas con plumas, ratones de juguete que se mueven, y juguetes láser pueden ayudar a mantener a tu gato entretenido y permitirle practicar sus habilidades de caza de manera segura y controlada.

Además, es importante asegurarse de que tu gato tenga suficiente estimulación mental y física durante el día. Los gatos que no tienen suficientes oportunidades para jugar y ejercitarse pueden volverse más frustrados y desarrollar comportamientos no deseados. Dedicar tiempo a jugar con tu gato y proporcionarle un entorno enriquecido con juguetes y actividades puede ayudar a reducir la frecuencia de los sonidos de "clic" y mantener a tu gato feliz y saludable.

¿Por qué mi gato tiene una relación de amor-odio con mi perro?

La relación entre gatos y perros puede ser compleja y fascinante, y lo que describes como una relación de "amor-odio" es bastante común en muchos hogares donde conviven estas dos especies. Para entender este fenómeno, es importante considerar varios factores que influyen en la dinámica entre tu gato y tu perro.

En primer lugar, debemos tener en cuenta que los gatos y los perros son especies diferentes con lenguajes corporales y formas de comunicación distintas. Lo que para un perro puede ser una invitación amistosa al juego, como saltar o ladrar, para un gato puede interpretarse como una amenaza. Esta diferencia en la comunicación puede llevar a malentendidos frecuentes entre ellos, creando una tensión que contribuye a esa sensación de "amor-odio".

Además, los gatos son criaturas territoriales por naturaleza. Tu gato probablemente considera tu hogar como su territorio personal, y la presencia de un perro puede ser percibida como una invasión de ese espacio. Esto puede hacer que tu gato se sienta ansioso o estresado en ciertos momentos, especialmente si el perro es muy enérgico o tiende a perseguirlo. Sin embargo, con el tiempo, muchos gatos llegan a aceptar al perro como parte de su entorno y pueden incluso desarrollar un vínculo con él.

La personalidad individual de cada animal también juega un papel crucial en esta relación. Algunos gatos son naturalmente más sociables y tolerantes, mientras que otros pueden ser más tímidos o territoriales. Lo mismo ocurre con los perros. La forma en que estas personalidades interactúan puede resultar en momentos de aparente amistad seguidos por períodos de distanciamiento o incluso confrontación.

Es importante recordar que los gatos, al igual que los humanos, tienen estados de ánimo cambiantes. Puede haber días en los que tu gato esté más receptivo a interactuar con el perro, tal vez incluso jugando o acurrucándose juntos. Otros días, puede preferir mantener su distancia y reaccionar de manera negativa ante cualquier acercamiento del perro. Esto puede dar la impresión de una relación inconsistente o de "amor-odio".

La historia de cómo se introdujeron estos animales también puede influir en su relación actual. Si el gato ya vivía en la casa cuando llegó el perro, puede haber cierto resentimiento residual por la alteración de su rutina y espacio. Por otro lado, si crecieron juntos desde pequeños, es posible que hayan desarrollado un vínculo más fuerte, aunque aún puedan tener momentos de fricción.

El comportamiento del perro también es un factor determinante. Si el perro es respetuoso del espacio del gato y no lo persigue o molesta constantemente, es más probable que el gato desarrolle una tolerancia o incluso afecto hacia él. Sin embargo, si el perro es demasiado entusiasta o no respeta las señales de "déjame en paz" del gato, esto puede llevar a una relación más tensa.

Otro aspecto a considerar es la competencia por recursos y atención. Tanto los gatos como los perros buscan la atención y el afecto de sus dueños. Si tu gato percibe que el perro está recibiendo más atención o tiene acceso a lugares o recursos que él considera importantes, puede mostrar comportamientos de celos o agresión hacia el perro.

Es fascinante observar cómo esta dinámica puede cambiar con el tiempo. Muchos dueños reportan que, con los años, sus gatos y perros desarrollan una relación de compañerismo, incluso si no siempre parecen llevarse bien. Pueden encontrarlos durmiendo juntos o buscando la

compañía del otro en momentos de estrés, como durante una tormenta o cuando los dueños están fuera de casa.
Para fomentar una relación más armoniosa, es crucial proporcionar a cada animal su propio espacio y recursos. Asegúrate de que el gato tenga lugares elevados donde pueda retirarse y observar su entorno sin ser molestado por el perro. Ofrece atención y tiempo de calidad a ambos por igual, y refuerza positivamente los comportamientos amistosos entre ellos.

¿Qué debo hacer si mi gato tiene una reacción alérgica a un medicamento?

Si tu gato tiene una reacción alérgica a un medicamento, es crucial actuar con rapidez y de manera adecuada para garantizar su seguridad y bienestar. Lo primero y más importante que debes hacer es mantener la calma, ya que tu gato puede percibir tu ansiedad y esto podría estresarlo aún más. Una vez que hayas notado los síntomas de una reacción alérgica, que pueden incluir hinchazón, dificultad para respirar, erupciones cutáneas, vómitos o diarrea, debes suspender inmediatamente la administración del medicamento en cuestión.

Sin embargo, es fundamental entender que no debes tomar esta decisión por tu cuenta sin consultar primero con un profesional veterinario. Llama inmediatamente a tu veterinario o, si es fuera del horario de atención, a una clínica veterinaria de emergencia. Describe detalladamente los síntomas que estás observando, el medicamento que le has administrado a tu gato, la dosis y cuándo se lo diste por última vez. Esta información es crucial para que el veterinario pueda evaluar la gravedad de la situación y aconsejarte sobre los próximos pasos a seguir.

Mientras esperas las instrucciones del veterinario o te preparas para llevar a tu gato a la clínica, es importante monitorear de cerca a tu felino. Observa su respiración, su nivel de conciencia y cualquier cambio en su comportamiento. Si notas que tu gato tiene dificultades para respirar, que su lengua o encías se están poniendo azules, o que está perdiendo el conocimiento, esto indica una emergencia grave y debes llevarlo inmediatamente al veterinario más cercano, incluso antes de recibir instrucciones telefónicas.

En algunos casos, el veterinario puede aconsejarte que administres un antihistamínico de venta libre como difenhidramina (Benadryl), pero es crucial que nunca le des ningún medicamento a tu gato sin la aprobación explícita de un profesional veterinario. La dosis para gatos es muy diferente a la de los humanos, y algunos medicamentos que son seguros para nosotros pueden ser tóxicos para los felinos.

Si el veterinario te indica que lleves a tu gato a la clínica, prepárate para salir rápidamente. Coloca a tu gato en su transportín de manera suave pero firme. Si es posible, cubre el transportín con una toalla ligera para reducir el estrés visual durante el viaje. Asegúrate de llevar contigo el medicamento que causó la reacción, incluyendo el envase original si lo tienes, ya que esto proporcionará información valiosa al veterinario.

Una vez en la clínica veterinaria, el profesional realizará un examen completo de tu gato y podrá administrar el tratamiento adecuado. Esto puede incluir la administración de antihistamínicos, corticosteroides para reducir la inflamación, o en casos graves, epinefrina para contrarrestar una reacción anafiláctica. También es posible que el veterinario recomiende mantener a tu gato en observación durante unas horas o incluso durante la noche, dependiendo de la gravedad de la reacción.

Después de que tu gato haya recibido tratamiento y esté de vuelta en casa, es importante seguir todas las instrucciones del veterinario al pie de la letra. Esto puede incluir la administración de medicamentos, cambios en la dieta o restricción de actividades. Observa a tu gato de cerca en los días siguientes y no dudes en contactar nuevamente al veterinario si notas algún síntoma persistente o nuevo.

Es crucial que mantengas un registro detallado de esta experiencia. Anota el nombre del medicamento que causó la reacción, la dosis administrada y los síntomas observados. Esta información será invaluable para futuros tratamientos, ya que tu gato deberá evitar no solo este medicamento específico, sino posiblemente también otros de la misma familia farmacológica.

En el futuro, siempre informa a cualquier veterinario que atienda a tu gato sobre esta reacción alérgica. Esto ayudará a prevenir incidentes similares y permitirá a los profesionales elegir alternativas seguras cuando tu gato necesite tratamiento.

¿Por qué mi gato parece obsesionado con mis zapatos?

Si tu gato parece obsesionado con tus zapatos, este comportamiento puede tener varias explicaciones relacionadas con los instintos naturales y las preferencias de los gatos. Aquí te explicaré de manera exhaustiva por qué tu gato podría estar tan interesado en tus zapatos y qué significa este comportamiento.

Primero, es importante entender que los gatos tienen un sentido del olfato extremadamente agudo. Los zapatos acumulan una variedad de olores que pueden ser muy atractivos para los gatos. Estos olores incluyen no solo el olor de tus pies, sino también los olores del exterior y de otros lugares que has visitado. Los gatos usan su sentido del olfato para explorar su entorno y obtener información sobre su mundo. Cuando tu gato huele tus zapatos, está recolectando datos sobre dónde has estado y qué has hecho, lo que puede ser muy interesante para él.

Los gatos también se sienten atraídos por los olores familiares, y tus zapatos llevan tu olor, lo que les brinda una sensación de seguridad y confort. El olor humano, especialmente de alguien con quien tienen un vínculo estrecho, puede ser muy reconfortante para los gatos. Al frotarse contra tus zapatos, tu gato está marcando los zapatos con su propio olor mediante glándulas situadas en su cara y cuerpo, reforzando su territorio y su conexión contigo.

Otra razón por la que tu gato puede estar obsesionado con tus zapatos es la textura y la forma. Los zapatos pueden ser interesantes para los gatos debido a sus materiales y las diferentes sensaciones táctiles que proporcionan. El cuero, la tela y otros materiales pueden ser atractivos para rascar, morder o simplemente explorar con sus patas. Además, los zapatos a menudo tienen cordones y otros adornos que pueden ser vistos como juguetes divertidos para jugar.

El comportamiento de juego también puede estar involucrado. Los gatos son animales curiosos y juguetones, y los zapatos pueden representar un objeto intrigante para investigar y jugar. Los cordones de los zapatos, en particular, pueden parecerse a presas pequeñas, como serpientes o ratones, y despertar el instinto de caza de tu gato. Si tu gato juega con tus zapatos, está practicando sus habilidades de caza de una manera segura y controlada.

El comportamiento de tu gato hacia tus zapatos también puede estar relacionado con la rutina y el comportamiento social. Los gatos son criaturas de hábitos y pueden asociar tus zapatos con tu presencia. Si te quitas los zapatos al llegar a casa, tu gato puede ver esto como una señal de que estás de vuelta y disponible para interactuar con él. Manipular o frotarse contra tus zapatos puede ser una forma de decirte "bienvenido a casa" o "quiero tu atención".

Es importante también considerar el factor del aburrimiento o la necesidad de estimulación. Si tu gato no tiene suficientes juguetes o actividades para mantenerse ocupado, puede volverse más interesado en objetos del entorno, como tus zapatos. Asegurarte de que tu gato tenga suficientes juguetes interactivos y oportunidades para jugar puede ayudar a desviar su atención de tus zapatos hacia actividades más apropiadas.

Para manejar este comportamiento, puedes intentar las siguientes estrategias:

1. **Proporciona alternativas adecuadas:** Ofrece a tu gato juguetes y objetos que sean atractivos y seguros para que juegue y explore. Juguetes con catnip,

ratones de juguete, pelotas y rascadores pueden mantener a tu gato entretenido y ocupado.

2. **Mantén los zapatos fuera de su alcance:** Si prefieres que tu gato no juegue con tus zapatos, guárdalos en un armario cerrado o en un lugar inaccesible para él. Esto reducirá la tentación y ayudará a redirigir su atención hacia otros objetos.

3. **Enriquecimiento ambiental:** Asegúrate de que tu gato tenga un entorno enriquecido con lugares para trepar, esconderse y observar. Los árboles para gatos, estantes elevados y camas acogedoras pueden proporcionar un espacio interesante y cómodo para tu gato.

4. **Interacción y juego:** Dedica tiempo cada día para jugar con tu gato utilizando juguetes interactivos. Esto no solo ayuda a satisfacer sus necesidades de caza y juego, sino que también fortalece el vínculo entre tú y tu gato.

5. **Aromatizantes de feromonas:** Considera el uso de difusores de feromonas sintéticas, como Feliway, que pueden ayudar a reducir el estrés y proporcionar un ambiente calmante para tu gato.

En resumen, la obsesión de tu gato con tus zapatos puede estar relacionada con el atractivo de los olores, la textura y la forma de los zapatos, el comportamiento de juego, la rutina y la necesidad de estimulación. Entender estas motivaciones puede ayudarte a proporcionar alternativas adecuadas y a crear un entorno enriquecido que satisfaga las necesidades de tu gato. Con paciencia y las estrategias adecuadas, puedes manejar este comportamiento y mantener a tu gato feliz y entretenido.

¿Por qué mi gato raspa alrededor de su cuenco de comida?

El comportamiento de tu gato de rascar alrededor de su cuenco de comida es fascinante y tiene raíces profundas en su instinto natural. Este hábito, que puede parecer extraño o incluso molesto para los dueños, es en realidad una manifestación de los instintos ancestrales de los felinos y nos ofrece una ventana a su mundo interior.

Para entender por qué tu gato hace esto, debemos retroceder en el tiempo y considerar el comportamiento de los gatos salvajes. En la naturaleza, los felinos son cazadores solitarios que deben proteger sus presas de otros depredadores o carroñeros. Después de cazar, a menudo entierran los restos de su comida para ocultarla y poder regresar más tarde. Este acto de "enterrar" la comida no solo la protege de otros animales, sino que también ayuda a mantenerla fresca por más tiempo.

Ahora bien, tu gato doméstico no necesita cazar ni proteger su comida de otros depredadores, pero ese instinto sigue ahí, profundamente arraigado en su ADN. Cuando rasca alrededor de su cuenco, está actuando sobre ese impulso ancestral de ocultar su alimento. Es como si estuviera diciendo: "Esta es mi comida y quiero asegurarme de que esté segura".

Además de este instinto de protección, el rascado alrededor del cuenco puede tener otras explicaciones. Algunos gatos lo hacen como una forma de marcar su territorio. Los gatos tienen glándulas odoríferas en sus patas, y al rascar el suelo alrededor de su área de alimentación, están dejando su olor, esencialmente diciendo: "Este es mi lugar para comer".

Otra razón por la que tu gato podría estar rascando alrededor de su cuenco es si no está satisfecho con la ubicación de su comida. Los gatos son criaturas de hábitos y prefieren comer en lugares tranquilos y seguros. Si el cuenco está en un área de mucho tráfico o cerca de una fuente de ruido, tu gato podría estar tratando de "mover" su comida a un lugar más adecuado.

Es interesante notar que algunos gatos exhiben este comportamiento más que otros. Esto puede deberse a diferencias individuales en personalidad o a experiencias pasadas. Por ejemplo, si tu gato alguna vez tuvo que competir por comida, ya sea con otros gatos o en un entorno de refugio, podría haber desarrollado un instinto más fuerte de proteger su alimento.

La frecuencia y la intensidad de este comportamiento también pueden variar. Algunos gatos lo hacen brevemente antes o después de comer, mientras que otros pueden pasar varios minutos rascando vigorosamente alrededor de su cuenco. Si notas que tu gato parece obsesionado con este comportamiento o que le impide comer normalmente, podría ser una señal de ansiedad o estrés y valdría la pena consultar con un veterinario.

Es importante mencionar que este comportamiento de rascar no siempre se limita al área inmediata alrededor del cuenco. Algunos gatos pueden rascar el suelo a cierta distancia de su comida, o incluso en superficies verticales cercanas como paredes o muebles. Esto sigue siendo parte del mismo instinto y no debe ser motivo de preocupación a menos que cause daños en tu hogar.

Aunque puede ser tentador tratar de detener este comportamiento, especialmente si tu gato está rascando en un área delicada como un piso de madera, es importante recordar que es un instinto natural y no algo que tu gato esté haciendo para molestarte. En lugar de castigar a tu gato, puedes intentar proporcionar una superficie adecuada para rascar cerca de su área de alimentación, como una alfombrilla resistente o un rascador pequeño.

También puedes experimentar con la ubicación del cuenco de comida. Algunos gatos se sienten más cómodos comiendo en áreas elevadas o en rincones tranquilos de la casa. Observa dónde parece sentirse más relajado tu gato y considera mover su área de alimentación a un lugar similar.

¿Es normal que mi gato intente "enterrar" su comida?

Sí, es completamente normal que tu gato intente "enterrar" su comida. Este comportamiento puede parecer extraño desde una perspectiva humana, pero tiene raíces profundas en los instintos naturales y el comportamiento ancestral de los gatos. Aquí te explicaré de manera exhaustiva por qué tu gato podría estar haciendo esto y qué significa este comportamiento.

En la naturaleza, los gatos salvajes y los grandes felinos a menudo esconden los restos de sus presas para protegerse de los depredadores y evitar atraer la atención no deseada. Aunque tu gato doméstico no necesita preocuparse por depredadores en el hogar, este instinto de enterrar o esconder la comida puede seguir presente. Intentar "enterrar" la comida es un comportamiento heredado que puede servir para evitar que otros animales detecten la presencia de comida y, por ende, del gato mismo.

Otra razón por la que tu gato puede intentar enterrar su comida es para guardarla para más tarde. En el entorno natural, los gatos no siempre tienen acceso a alimentos constantes, por lo que podrían esconder restos de presas para consumirlas en otro momento. Este comportamiento de "almacenamiento" puede manifestarse en gatos domésticos, incluso si tienen acceso a alimentos de manera regular.

El comportamiento de enterrar la comida también puede estar relacionado con el deseo de mantener el área limpia. Los gatos son animales muy limpios y pueden tener una fuerte aversión a los olores desagradables cerca de sus áreas de descanso. Intentar enterrar la comida podría ser una manera de mantener su entorno limpio y libre de olores que consideran desagradables o inapropiados.

Además, algunos gatos pueden intentar enterrar su comida si no les gusta. Si a tu gato no le agrada el sabor o la textura de su comida, puede intentar cubrirla o "enterrarla" como una forma de eliminar lo que considera desagradable. Esto podría ser una señal para que pruebes diferentes tipos de comida para ver cuál prefiere tu gato.

El entorno en el que tu gato come también puede influir en este comportamiento. Si hay otros animales en la casa, tu gato puede sentir la necesidad de proteger su comida. Incluso si no hay competencia directa, la presencia de otros animales puede desencadenar este instinto de esconder o proteger la comida. Proporcionar un lugar tranquilo y seguro para que tu gato coma puede ayudar a reducir este comportamiento.

Si bien este comportamiento es generalmente inofensivo, hay algunas cosas que puedes hacer para gestionarlo y asegurarte de que tu gato esté cómodo mientras come. Aquí hay algunas estrategias:

1. **Proporciona un lugar tranquilo para comer:** Asegúrate de que el área donde tu gato come esté libre de ruidos fuertes, otras mascotas y cualquier cosa que pueda causar estrés. Un lugar tranquilo puede ayudar a tu gato a sentirse más seguro y reducir la necesidad de enterrar su comida.
2. **Experimenta con diferentes tipos de comida:** Si tu gato intenta enterrar su comida con frecuencia, puede ser útil probar diferentes tipos de alimentos. Experimenta con diferentes texturas y sabores para ver cuál prefiere tu gato.
3. **Mantén el área de alimentación limpia:** Limpia regularmente el área donde tu gato come para asegurarte de que esté libre de residuos y olores

desagradables. Esto puede ayudar a tu gato a sentirse más cómodo y menos inclinado a enterrar su comida.

4. **Alimentación en porciones pequeñas:** Si tu gato intenta enterrar su comida porque está guardando para más tarde, considera alimentarlo con porciones más pequeñas y más frecuentes a lo largo del día. Esto puede ayudar a satisfacer su instinto sin que sienta la necesidad de esconder la comida.

5. **Uso de alfombrillas de alimentación:** Colocar una alfombrilla debajo del plato de comida de tu gato puede proporcionarle una superficie para rascar y enterrar sin causar desorden. Las alfombrillas también son fáciles de limpiar y pueden hacer que el área de alimentación sea más atractiva para tu gato.

¿Qué significa cuando mi gato frota su cuerpo contra objetos verticales?

Cuando tu gato frota su cuerpo contra objetos verticales, está participando en un comportamiento muy común y natural llamado marcado con aroma. Los gatos tienen glándulas olfativas en varias partes de su cuerpo, incluidas las mejillas, las patas, la frente y la base de la cola. Al frotarse contra objetos, tu gato está depositando su aroma en estos lugares, lo que sirve para varios propósitos importantes relacionados con la comunicación y el comportamiento territorial. Aquí te explico de manera exhaustiva por qué tu gato realiza esta acción y qué significa.

Primero, es crucial entender que los gatos utilizan el marcado con aroma como una forma de comunicación. Al frotar su cuerpo contra muebles, paredes o incluso personas, los gatos están dejando información sobre sí mismos en su entorno. Este olor actúa como un mensaje para otros gatos y animales, indicando quién 'posee' ese territorio. Para los gatos domésticos, este comportamiento también refuerza su sentido de seguridad y pertenencia dentro de su hogar.

Además de comunicar posesión, el marcado con aroma también tiene un componente social significativo. Cuando un gato frota su cuerpo contra sus dueños u otros gatos en el hogar, está fortaleciendo los lazos sociales mediante el intercambio de olores. Esta conducta es una forma de saludo amistoso y puede compararse a cómo los humanos dan la mano o se abrazan al saludarse. Al compartir su olor, los gatos están creando un ambiente de grupo familiar, lo cual es un signo de confianza y aceptación.

El marcado también puede ser una señal de que el gato se siente cómodo y feliz en su entorno. Los gatos a menudo frotan su cuerpo contra sus objetos favoritos y lugares frecuentados cuando están contentos y relajados. Este comportamiento puede intensificarse en momentos de felicidad, como cuando te preparas para alimentarlos o cuando llegas a casa después de estar fuera.

El comportamiento de frotarse también tiene un componente de auto-comodidad. Es común que los gatos se froten contra objetos cuando se sienten estresados o ansiosos, como una forma de calmar sus nervios. Al marcar su entorno familiar con su propio olor, pueden sentirse más seguros y en control de su espacio, lo que les ayuda a manejar el estrés.

Es importante observar el contexto en el que tu gato exhibe este comportamiento. Si tu gato de repente comienza a frotarse mucho más de lo habitual, o si lo hace de manera frenética o compulsiva, podría ser una señal de estrés o ansiedad. En estos casos, es útil evaluar cualquier cambio reciente en su entorno que pueda estar afectándolo, como nuevos animales, personas o cambios en la rutina del hogar.

Para apoyar este comportamiento natural de una manera que sea saludable y positiva para tu gato, puedes proporcionar varias 'estaciones de frotamiento' alrededor de tu hogar. Esto puede incluir postes de rascar o juguetes que tu gato pueda frotar cómodamente. Además, asegúrate de que tu gato tenga un entorno tranquilo y estable, con muchas oportunidades para jugar y explorar, lo que puede ayudar a minimizar el estrés y promover un comportamiento de marcado saludable.

¿Por qué mi gato se sube a las alturas y luego no puede bajar?

El comportamiento de tu gato de subir a las alturas y luego aparentemente no poder bajar es un fenómeno fascinante que tiene sus raíces en la naturaleza misma de los felinos. Para entender por qué ocurre esto, debemos primero considerar por qué los gatos tienen una atracción tan fuerte por las alturas en primer lugar.

Los gatos son depredadores naturales, y en su hábitat salvaje, las alturas les proporcionan una ventaja estratégica. Desde una posición elevada, pueden observar su entorno, detectar presas potenciales y mantenerse a salvo de otros depredadores. Este instinto está profundamente arraigado en su ADN, y es por eso que incluso nuestros gatos domésticos, que viven cómodamente en nuestros hogares, siguen sintiéndose atraídos por los lugares altos.

Cuando tu gato sube a un lugar alto, como la parte superior de un armario, un árbol en el jardín o incluso el techo de la casa, está siguiendo este impulso natural. Se siente seguro y en control de su entorno. Sin embargo, la situación se complica cuando llega el momento de bajar.

Contrariamente a la creencia popular, los gatos no tienen miedo a las alturas per se. Lo que les causa problemas es el descenso. Esto se debe a varias razones. En primer lugar, los ojos de los gatos están diseñados para la caza y tienen dificultades para enfocar objetos cercanos, especialmente directamente debajo de ellos. Esto significa que cuando miran hacia abajo desde una gran altura, pueden tener problemas para juzgar con precisión la distancia al suelo.

Además, la estructura física de los gatos está mejor adaptada para subir que para bajar. Sus garras están diseñadas para aferrarse mientras suben, pero no son tan eficaces para controlar un descenso. Cuando un gato baja de un árbol en la naturaleza, generalmente lo hace de espaldas, usando sus garras para agarrarse mientras desciende lentamente. Sin embargo, en superficies lisas como paredes o muebles, esta técnica no es tan efectiva.

Otro factor a considerar es la experiencia previa del gato. Si tu felino ha tenido malas experiencias al intentar bajar de lugares altos en el pasado, puede haber desarrollado una aprensión a intentarlo nuevamente. Esto puede llevar a una situación en la que el gato parece "atascado", aunque físicamente sea capaz de bajar.

Es importante entender que cuando un gato parece no poder bajar de un lugar alto, no siempre significa que esté realmente atrapado. En muchos casos, el gato está evaluando la situación, buscando la ruta más segura para descender. Puede que parezca que está pidiendo ayuda, pero en realidad está tratando de reunir el coraje para bajar por sí mismo.

Sin embargo, hay situaciones en las que un gato realmente puede necesitar ayuda para bajar. Esto es más común en gatos jóvenes o inexpertos, gatos mayores con problemas de movilidad, o en situaciones donde el gato ha subido a un lugar particularmente alto o peligroso.

Si te encuentras en una situación donde tu gato parece estar atascado en las alturas, lo primero que debes hacer es mantener la calma. Tu gato puede sentir tu ansiedad, lo que podría estresarlo aún más y hacer que la situación sea más difícil. Dale tiempo a tu gato para que evalúe la situación y posiblemente encuentre su propia manera de bajar.

Si después de un tiempo considerable tu gato aún no ha bajado, puedes intentar atraerlo con comida o juguetes. Coloca estos elementos en un lugar seguro y accesible, preferiblemente en una ruta que ofrezca puntos intermedios de descanso en el descenso. Por ejemplo, si tu gato está en lo alto de un armario, podrías colocar una silla cerca para darle un punto de apoyo intermedio.

En situaciones más extremas, donde el gato realmente no puede bajar por sí mismo, puede ser necesario intervenir físicamente. Sin embargo, es crucial hacerlo de manera segura tanto para ti como para el gato. Si no te sientes cómodo o seguro realizando el rescate, no dudes en llamar a profesionales como bomberos o rescatistas de animales, especialmente si tu gato está en un lugar alto al aire libre.

Para prevenir futuras situaciones similares, considera proporcionar a tu gato opciones seguras para escalar y descansar en lugares altos dentro de tu hogar. Árboles para gatos, estantes montados en la pared y perchas elevadas pueden satisfacer el deseo natural de tu gato de estar en las alturas sin ponerlo en situaciones potencialmente peligrosas.

¿Por qué mi gato se sienta en mis cosas en lugar de en su cama?

El comportamiento de tu gato de sentarse en tus cosas en lugar de en su propia cama es un fenómeno común y fascinante que tiene raíces profundas en la psicología y el comportamiento felino. Para entender por qué tu gato hace esto, debemos considerar varios aspectos de la naturaleza felina y cómo los gatos interactúan con su entorno y con sus dueños.

En primer lugar, es importante recordar que los gatos son criaturas territoriales por naturaleza. En el mundo salvaje, los felinos marcan su territorio para comunicar su presencia a otros gatos y para establecer un sentido de seguridad en su entorno. Cuando tu gato se sienta en tus cosas, está esencialmente marcándolas con su olor. Los gatos tienen glándulas odoríferas en varias partes de su cuerpo, incluyendo sus patas y su cara, y al sentarse o frotarse contra tus objetos, están dejando su aroma en ellos. Esto no solo les proporciona una sensación de familiaridad y comodidad, sino que también mezcla su olor con el tuyo, creando un aroma combinado que para ellos representa seguridad y pertenencia.

Además, tus pertenencias llevan tu olor, que es familiar y reconfortante para tu gato. Al sentarse en tus cosas, tu gato está buscando ese confort y esa conexión contigo. Esto es especialmente cierto para objetos como tu ropa, zapatos, o incluso tu computadora portátil, que llevan una fuerte carga de tu aroma personal. Para tu gato, sentarse en estos objetos es una forma de estar cerca de ti, incluso cuando no estás físicamente presente.

Otro factor a considerar es la atención que tu gato recibe cuando se sienta en tus cosas. Si has reaccionado en el pasado (ya sea de manera positiva o negativa) cuando tu gato se ha sentado en tus pertenencias, es posible que haya aprendido que este comportamiento atrae tu atención. Los gatos son criaturas inteligentes y aprenden rápidamente qué acciones les proporcionan la interacción que desean con sus dueños. Si sentarse en tu laptop o en tu ropa recién planchada hace que le prestes atención, es probable que repita este comportamiento.

La ubicación de tus objetos también puede jugar un papel importante. Los gatos prefieren lugares elevados o estratégicos desde donde puedan observar su entorno. Si tus cosas están en lugares que ofrecen una buena vista de la habitación o de la puerta, tu gato puede preferirlas sobre su propia cama, que quizás esté en un lugar menos interesante desde su perspectiva.

La textura y la temperatura de tus objetos también pueden ser atractivas para tu gato. Por ejemplo, una pila de ropa recién lavada puede ser suave y cálida, lo que la hace irresistible para un gato que busca comodidad. Del mismo modo, objetos como papeles o bolsas de plástico pueden hacer ruidos interesantes cuando tu gato se mueve sobre ellos, proporcionando una estimulación sensorial adicional.

Es importante mencionar que, aunque tu gato tenga su propia cama, puede que no la encuentre tan atractiva como tus cosas por varias razones. Quizás la cama no está en un lugar que tu gato considere seguro o interesante. También es posible que la textura o el tamaño de la cama no sean del agrado de tu gato. Cada felino tiene sus preferencias individuales en cuanto a superficies para descansar, y lo que parece cómodo para nosotros puede no serlo para ellos.

Además, los gatos son criaturas de hábitos y pueden desarrollar preferencias por ciertos lugares de descanso basándose en experiencias pasadas. Si tu gato ha encontrado comodidad y seguridad sentándose en tus cosas en el pasado, es probable que continúe buscando esas sensaciones en los mismos lugares.

Para abordar este comportamiento, si lo encuentras problemático, puedes intentar hacer que la cama de tu gato sea más atractiva. Colócala en un lugar elevado o estratégico, cerca de donde pasas tiempo. Puedes probar poniendo una prenda tuya en la cama de tu gato para que tenga tu olor. También puedes experimentar con diferentes texturas y tipos de camas para encontrar lo que tu gato prefiere.

Sin embargo, es importante recordar que este comportamiento es natural y, en muchos casos, es una señal de afecto y confianza hacia ti. Tu gato está buscando una conexión contigo y con tu espacio. En lugar de ver esto como un problema, puedes interpretarlo como una muestra de lo importante que eres para tu felino compañero.

¿Cómo puedo saber si mi gato tiene ansiedad?

Saber si tu gato tiene ansiedad puede ser un desafío, ya que los gatos son expertos en ocultar sus emociones y su dolor. Sin embargo, existen varios signos y comportamientos que pueden indicar que tu gato está experimentando ansiedad. Aquí te explico de manera exhaustiva cómo identificar estos signos y qué significan.

Primero, es importante entender que la ansiedad en los gatos puede manifestarse de muchas maneras diferentes, y los síntomas pueden variar en intensidad. Algunos de los signos más comunes de ansiedad en los gatos incluyen cambios en el comportamiento, alteraciones en el apetito, problemas de aseo y marcaje inadecuado.

Uno de los signos más evidentes de ansiedad en los gatos es el cambio en el comportamiento. Los gatos ansiosos pueden volverse más agresivos o más retraídos. Si tu gato normalmente es sociable y de repente comienza a esconderse más de lo habitual, esto puede ser una señal de que se siente estresado. Por otro lado, un gato que se vuelve más agresivo, gruñe, sisea o muerde sin una razón aparente también puede estar mostrando signos de ansiedad.

La vocalización excesiva es otro signo de ansiedad. Los gatos ansiosos pueden maullar más de lo habitual, especialmente en tonos altos o lastimeros. Esto puede ser una forma de buscar atención o expresar su malestar. Si tu gato está maullando más de lo normal y no puedes identificar una causa clara, como hambre o necesidad de atención, la ansiedad podría ser la razón.

Los cambios en el apetito son otro indicio importante. Un gato ansioso puede perder el interés en la comida o, por el contrario, puede comer en exceso. La pérdida de apetito puede llevar a la pérdida de peso y a otros problemas de salud, mientras que comer en exceso puede resultar en aumento de peso y otros problemas asociados. Si notas que tu gato está comiendo más o menos de lo normal, es importante observar otros comportamientos para determinar si la ansiedad podría ser la causa.

El aseo excesivo o insuficiente es otro signo de ansiedad. Los gatos son animales muy limpios y pasan una gran parte de su tiempo acicalándose. Sin embargo, un gato ansioso puede comenzar a lamerse compulsivamente, lo que puede llevar a la pérdida de pelo y a irritaciones en la piel. Por otro lado, un gato que se siente estresado puede dejar de asearse por completo, lo que resulta en un pelaje enmarañado y sucio.

El marcaje inadecuado, como orinar fuera de la caja de arena, también puede ser un signo de ansiedad. Los gatos ansiosos pueden marcar su territorio con orina para sentirse más seguros. Si tu gato empieza a orinar en lugares inusuales, como muebles, ropa o paredes, podría estar tratando de lidiar con el estrés. Asegúrate de que su caja de arena esté limpia y en un lugar tranquilo, y observa si hay otros cambios en el entorno que puedan estar afectándolo.

El comportamiento destructivo es otra señal de ansiedad. Los gatos ansiosos pueden comenzar a arañar muebles, morder objetos o causar otros daños en el hogar. Este comportamiento puede ser una forma de liberar la tensión acumulada. Proporcionar juguetes interactivos y rascadores puede ayudar a redirigir este comportamiento destructivo de manera más positiva.

La inquietud y la falta de sueño también son síntomas de ansiedad en los gatos. Un gato ansioso puede tener dificultades para relajarse y dormir. Puede moverse constantemente, estar alerta y mostrar signos de hiperactividad. Si tu gato parece incapaz de descansar o dormir como lo hace normalmente, la ansiedad podría ser la causa.

Para ayudar a tu gato a manejar la ansiedad, es importante identificar y abordar las posibles causas del estrés. Los cambios en el entorno, como una mudanza, la llegada de un nuevo miembro de la familia o incluso cambios en la rutina diaria, pueden causar ansiedad en los gatos. Proporcionar un entorno seguro y estable, con muchos escondites y lugares elevados, puede ayudar a tu gato a sentirse más seguro.

Además, considera el uso de difusores de feromonas sintéticas, como Feliway, que pueden ayudar a calmar a los gatos y reducir el estrés. Estos productos imitan las feromonas naturales que los gatos producen para marcar su territorio y pueden crear un ambiente más relajante.

Jugar con tu gato y proporcionarle suficiente estimulación mental y física también es crucial. Los juguetes interactivos, los juegos de caza y los rascadores pueden ayudar a mantener a tu gato ocupado y reducir la ansiedad. Dedicar tiempo cada día para interactuar con tu gato puede fortalecer vuestro vínculo y proporcionar una salida positiva para su energía.

Si los síntomas de ansiedad persisten o son graves, es importante consultar a un veterinario o a un especialista en comportamiento felino. Ellos pueden proporcionar una evaluación más detallada y recomendar tratamientos específicos, como cambios en la dieta, suplementos o incluso medicación en casos severos.

¿Es seguro que mi gato coma comida para perros?

La cuestión de si es seguro que tu gato coma comida para perros es una preocupación común entre los dueños de mascotas, especialmente en hogares donde conviven ambas especies. Para abordar este tema de manera exhaustiva, es crucial entender las diferencias fundamentales entre las necesidades nutricionales de gatos y perros, así como las implicaciones a corto y largo plazo de alimentar a un gato con comida diseñada para perros.

En primer lugar, es importante reconocer que los gatos y los perros tienen requerimientos nutricionales muy distintos. Los gatos son carnívoros obligados, lo que significa que su cuerpo está diseñado para procesar y obtener nutrientes principalmente de la carne. Sus sistemas digestivos han evolucionado para extraer eficientemente los nutrientes de las proteínas animales y tienen necesidades específicas de ciertos aminoácidos, vitaminas y minerales que no se encuentran en las mismas cantidades en la dieta de los perros.

La comida para perros, por otro lado, está formulada para omnívoros. Los perros pueden obtener nutrientes tanto de fuentes animales como vegetales, y su dieta típicamente contiene una mezcla más variada de ingredientes. Esto significa que la comida para perros generalmente tiene un menor contenido de proteínas y grasas en comparación con la comida para gatos, y puede carecer de nutrientes esenciales que los gatos necesitan para mantenerse saludables.

Uno de los nutrientes más críticos que los gatos requieren y que generalmente está ausente o en cantidades insuficientes en la comida para perros es la taurina. La taurina es un aminoácido esencial para los gatos que juega un papel crucial en la salud cardíaca, la visión y la función reproductiva. Los gatos no pueden sintetizar la taurina por sí mismos en cantidades suficientes, por lo que deben obtenerla de su dieta. La deficiencia de taurina puede llevar a problemas de salud graves, incluyendo degeneración de la retina y cardiomiopatía.

Además de la taurina, los gatos tienen requerimientos específicos de otros nutrientes como la vitamina A preformada (los gatos no pueden convertir eficientemente el betacaroteno en vitamina A como lo hacen los perros), ácido araquidónico (un ácido graso esencial) y niveles más altos de proteínas en general. La comida para perros simplemente no está formulada para proporcionar estos nutrientes en las cantidades adecuadas para los gatos.

Si bien comer ocasionalmente una pequeña cantidad de comida para perros probablemente no causará daños inmediatos a un gato sano, hacerlo regularmente o como dieta principal puede llevar a deficiencias nutricionales significativas a largo plazo. Estas deficiencias pueden manifestarse de diversas maneras, desde problemas de piel y pelaje hasta complicaciones más serias que afectan órganos vitales.

Es importante también considerar el contenido calórico y la densidad nutricional de la comida para perros en comparación con la de gatos. La comida para gatos generalmente es más concentrada en calorías y nutrientes, lo que significa que los gatos necesitan comer menos cantidad para satisfacer sus necesidades nutricionales. Si un gato consume principalmente comida para perros, puede necesitar comer cantidades mayores para intentar obtener los nutrientes que necesita, lo que podría llevar a problemas de sobrepeso o, paradójicamente, a desnutrición si no logra consumir suficiente.

Otro aspecto a tener en cuenta es la textura y el tamaño de las croquetas de comida para perros. Los gatos tienen bocas más pequeñas y dientes diseñados para cortar y desgarrar carne, no para moler alimentos más duros. Las croquetas de comida para perros pueden ser demasiado grandes o duras para que un gato las mastique cómodamente, lo que podría llevar a problemas dentales o digestivos.

Si has notado que tu gato muestra interés en la comida de perro, es importante entender que esto no significa que sea apropiada para él. Los gatos pueden sentirse atraídos por la novedad o el olor de la comida para perros, pero esto no indica que sea nutricionalmente adecuada para ellos. En lugar de permitir que tu gato coma comida para perros, es mejor proporcionar alternativas seguras y saludables diseñadas específicamente para gatos si quieres ofrecerle variedad en su dieta.

¿Cómo puedo evitar que mi gato se coma mis plantas?

Evitar que tu gato se coma tus plantas es un desafío común para muchos dueños de gatos, y abordar este problema requiere una combinación de estrategias y comprensión del comportamiento felino. Para empezar, es importante entender por qué los gatos se sienten atraídos por las plantas en primer lugar. Los gatos son cazadores por naturaleza y, en el mundo salvaje, comerían pequeñas cantidades de hierba o plantas como parte de su dieta. Este comportamiento puede ayudarles a obtener ciertos nutrientes, ayudar con la digestión o incluso inducir el vómito para eliminar bolas de pelo. En el entorno doméstico, las plantas de interior pueden despertar este instinto natural.

Sin embargo, muchas plantas de interior pueden ser tóxicas para los gatos, lo que hace que prevenir este comportamiento sea crucial para su salud y seguridad. La primera línea de defensa es identificar y eliminar cualquier planta tóxica de tu hogar. Algunas plantas comunes como los lirios, las azaleas, el filodendro y la hiedra pueden ser extremadamente peligrosas para los gatos. Si no estás seguro de la toxicidad de una planta, es mejor investigar o consultar con un veterinario antes de tenerla en casa.

Una vez que hayas asegurado que las plantas en tu hogar son seguras para gatos, puedes comenzar a implementar estrategias para disuadir a tu felino de masticarlas. Una técnica efectiva es hacer que las plantas sean menos atractivas o accesibles para tu gato. Puedes intentar rociar las hojas con un repelente seguro para gatos. Existen productos comerciales diseñados específicamente para este propósito, o puedes hacer tu propia solución casera utilizando agua y un poco de vinagre o jugo de limón diluido. El sabor amargo o el olor fuerte pueden desalentar a tu gato de morder las plantas. Sin embargo, es importante probar primero estas soluciones en una pequeña área de la planta para asegurarte de que no la dañen.

Otra estrategia es colocar las plantas fuera del alcance de tu gato. Utiliza estantes altos, cuelga las plantas del techo o colócalas en habitaciones a las que tu gato no tenga acceso. Si tienes plantas grandes en el suelo, puedes rodearlas con una barrera física como una cerca pequeña o colocar piedras grandes alrededor de la base de la planta para dificultar el acceso de tu gato.

La distracción y el enriquecimiento ambiental también pueden ser herramientas poderosas para evitar que tu gato se interese en tus plantas. Proporciona a tu gato alternativas seguras para masticar, como hierba para gatos o plantas seguras específicamente cultivadas para ellos. La hierba para gatos es fácil de cultivar en casa y puede satisfacer el deseo natural de tu gato de masticar vegetación. Además, asegúrate de que tu gato tenga suficientes juguetes y actividades para mantenerse ocupado y estimulado. Un gato aburrido es más propenso a buscar entretenimiento en tus plantas.

El refuerzo positivo puede ser muy efectivo para modificar el comportamiento de tu gato. Cuando veas a tu gato acercarse a una planta, distráelo gentilmente con un juguete o una golosina. Recompénsalo cuando ignore las plantas o juegue con sus propios juguetes. Con el tiempo, tu gato aprenderá que hay alternativas más gratificantes que morder las plantas. En algunos casos, el comportamiento de tu gato de comer plantas puede ser un signo de que algo no está bien en su dieta o salud. Asegúrate de que tu gato esté recibiendo una dieta equilibrada y adecuada para su edad y estado de salud. Si el comportamiento persiste o parece compulsivo, podría ser útil consultar con un veterinario para descartar cualquier problema de salud subyacente.

La consistencia es clave cuando se trata de modificar el comportamiento de tu gato. Todos los miembros de la familia deben aplicar las mismas reglas y técnicas para evitar confundir al gato. Recuerda que cambiar un hábito lleva tiempo, así que sé paciente y persistente en tu enfoque.

¿Por qué mi gato me lame la cara o las manos?

Cuando tu gato te lame la cara o las manos, está participando en un comportamiento que tiene varias explicaciones relacionadas con la comunicación, el afecto y el instinto. Aquí te explicaré de manera exhaustiva por qué tu gato podría estar haciendo esto y qué significa este comportamiento.

Primero, es importante entender que el lamido es una forma de comunicación y expresión de afecto en los gatos. Los gatos se lamen entre sí como una forma de aseo social y para fortalecer los lazos sociales. Este comportamiento es común entre los gatos que tienen una relación cercana, como una madre y sus gatitos, o gatos que viven juntos y son amigos. Cuando tu gato te lame, está mostrando que te considera parte de su familia y está reforzando el vínculo que tiene contigo. Es una forma de decir "te quiero" y de mostrar que se siente cómodo y seguro contigo.

El lamido también puede ser una forma de aseo y cuidado. Los gatos son animales muy limpios y pasan una gran cantidad de tiempo acicalándose. Lamerse mutuamente es una parte importante del aseo social y ayuda a mantener el pelaje limpio y libre de parásitos. Cuando tu gato te lame, puede estar tratando de asearte de la misma manera que lo haría con otro gato. Aunque no necesitas este tipo de cuidado, para tu gato, es una forma natural de mostrar atención y cuidado.

Otra razón por la que tu gato puede lamerte es para marcarte con su olor. Los gatos tienen glándulas de olor en su saliva, y al lamerte, están depositando su olor en ti. Este comportamiento es una forma de marcar su territorio y de establecer una conexión olfativa contigo. Para los gatos, el olor es una parte crucial de la comunicación y la identificación, y al marcarte con su olor, tu gato está reafirmando su relación contigo y diciéndote que eres parte de su territorio seguro.

El lamido también puede ser una respuesta al gusto o al olor de tu piel. Si tienes restos de comida, loción, sudor o cualquier otro olor atractivo en tus manos o cara, tu gato puede lamerte porque encuentra esos sabores interesantes. Los gatos tienen un sentido del gusto y del olfato muy desarrollado, y pueden ser atraídos por olores y sabores específicos que encuentran en tu piel.

Además, el lamido puede ser una forma de consuelo y reducción del estrés para tu gato. Algunos gatos lamen como una forma de autocalmado, especialmente si están ansiosos o estresados. Lamerte a ti puede ser una extensión de este comportamiento y puede ayudar a tu gato a sentirse más tranquilo y seguro. Si notas que tu gato te lame más en situaciones estresantes o cambios en su entorno, podría estar utilizando el lamido como una forma de manejar su ansiedad.

El lamido también puede ser un comportamiento aprendido y reforzado. Si tu gato te lame y tú respondes con caricias, palabras amables o atención, puede aprender que lamerte es una manera efectiva de obtener tu atención y afecto. Los gatos son muy buenos para aprender qué comportamientos les brindan resultados positivos, y si lamerte siempre lleva a una respuesta agradable, es probable que continúe haciéndolo.

En algunos casos, el lamido excesivo puede ser un signo de un problema subyacente, como una condición médica o estrés crónico. Si tu gato te lame de manera compulsiva o si el lamido va acompañado de otros comportamientos preocupantes, como pérdida de apetito, letargo o cambios en el comportamiento, es importante llevarlo al veterinario para una evaluación completa. El veterinario puede ayudarte a determinar si hay un problema de salud que necesita ser tratado.

Para manejar el comportamiento de lamido, es importante entender las motivaciones de tu gato y proporcionarle alternativas adecuadas para expresar su afecto y reducir el estrés. Aquí hay algunas estrategias que puedes considerar:

1. **Proporciona juguetes y actividades:** Asegúrate de que tu gato tenga suficientes juguetes y actividades para mantenerse ocupado y reducir el estrés. Juguetes interactivos, rascadores y juegos de caza pueden ayudar a canalizar su energía de manera positiva.

2. **Establece una rutina de juego:** Dedica tiempo cada día para jugar e interactuar con tu gato. Esto no solo fortalecerá vuestro vínculo, sino que también proporcionará una salida para su energía y reducirá la necesidad de buscar atención a través del lamido.

3. **Ofrece alternativas de aseo:** Proporciona a tu gato oportunidades para asearse de manera adecuada, como cepillarlo regularmente y asegurarte de que su entorno esté limpio y libre de parásitos.

4. **Usa refuerzo positivo:** Si quieres reducir el lamido, trata de redirigir su atención hacia otros

comportamientos positivos y recompensa a tu gato cuando muestre esos comportamientos.

Cuando tu gato te lame la cara o las manos, está mostrando afecto, cuidado, marcándote con su olor, respondiendo a sabores interesantes, o buscando consuelo. Este comportamiento es una parte natural de la comunicación y la relación social en los gatos. Observar las motivaciones detrás del lamido y proporcionar alternativas adecuadas puede ayudar a manejar este comportamiento de manera positiva y mantener a tu gato feliz y saludable.

¿Por qué mi gato se aleja corriendo de repente?

El comportamiento de tu gato de alejarse corriendo de repente es un fenómeno fascinante que tiene raíces profundas en la naturaleza felina y puede ser causado por una variedad de factores. Para entender por qué ocurre esto, es importante considerar la evolución de los gatos y cómo sus instintos ancestrales todavía influyen en su comportamiento doméstico.

Los gatos son depredadores por naturaleza, pero también son presas potenciales para animales más grandes. Esta dualidad ha moldeado su comportamiento a lo largo de miles de años, desarrollando reflejos rápidos y una tendencia a estar siempre alerta. Cuando tu gato sale corriendo de repente, puede estar respondiendo a un estímulo que ha activado su instinto de supervivencia, incluso si no hay un peligro real presente.

Uno de los motivos más comunes por los que un gato puede salir corriendo de repente es porque ha escuchado un sonido que nosotros, los humanos, podríamos no haber notado. Los gatos tienen un oído extremadamente agudo y pueden captar frecuencias mucho más altas que las que percibimos los humanos. Un ruido sutil, como el zumbido de un electrodoméstico, el clic de un termostato, o incluso sonidos provenientes del exterior de la casa, pueden sobresaltar a tu gato y provocar una reacción de huida.

Además del oído, los gatos tienen una visión extraordinaria, especialmente en condiciones de poca luz. Pueden detectar movimientos minúsculos que escapan a nuestra percepción. A veces, lo que parece ser una carrera repentina sin motivo aparente puede ser una respuesta a algo que el gato ha visto moverse, como un insecto pequeño o una sombra.

Otro factor a considerar es el estado emocional del gato. Los felinos son criaturas sensibles y pueden experimentar momentos de ansiedad o excitación que los llevan a correr repentinamente. Esto puede ser especialmente cierto en gatos jóvenes o en aquellos que han tenido experiencias estresantes en el pasado. A veces, esta carrera súbita puede ser una forma de liberar energía acumulada, especialmente si el gato no ha tenido suficiente estimulación o ejercicio durante el día.

Es importante mencionar que algunos gatos desarrollan un comportamiento conocido como "zoomies" o carreras locas. Esto se caracteriza por episodios repentinos de actividad frenética donde el gato corre por la casa a toda velocidad, a menudo sin razón aparente. Aunque puede parecer extraño, este comportamiento es generalmente normal y puede ser una forma de liberar energía o expresar alegría.

En ocasiones, el comportamiento de huida repentina puede estar relacionado con problemas de salud. Condiciones como el hipertiroidismo pueden causar hiperactividad y comportamientos erráticos. Si notas que estas carreras repentinas se vuelven más frecuentes o van acompañadas de otros cambios en el comportamiento o apetito de tu gato, sería prudente consultar con un veterinario para descartar cualquier problema médico subyacente.

El entorno del gato también juega un papel importante en este comportamiento. Los gatos son animales territoriales y muy consciente de su entorno. Cualquier cambio en su ambiente, por pequeño que sea, puede ponerlos en alerta. La introducción de un nuevo mueble, un olor desconocido, o incluso un cambio en la rutina diaria pueden hacer que tu gato se sienta inseguro y más propenso a reaccionar de manera exagerada ante estímulos.

Además, es posible que tu gato esté respondiendo a algo que ha percibido fuera de la casa. Los gatos son muy sensibles a la presencia de otros animales en su territorio. El olor o el sonido de un gato desconocido, un perro o incluso un pájaro cerca de una ventana pueden provocar una reacción de huida.

Es fascinante observar cómo este comportamiento puede variar entre gatos individuales. Algunos gatos son naturalmente más nerviosos o reactivos que otros, lo que puede deberse a factores genéticos o experiencias tempranas en la vida. Los gatos que no fueron adecuadamente socializados de pequeños pueden ser más propensos a asustarse y correr ante estímulos que otros gatos considerarían inofensivos.

Para ayudar a tu gato a sentirse más seguro y reducir estos episodios de huida repentina, puedes tomar algunas medidas. Proporcionar un ambiente enriquecido con lugares para escalar, esconderse y observar su entorno desde alturas puede ayudar a tu gato a sentirse más en control. Establecer una rutina diaria consistente también puede ayudar a reducir la ansiedad y los comportamientos erráticos.

El juego regular y la interacción positiva con tu gato son cruciales. Dedicar tiempo cada día a sesiones de juego que estimulen el instinto de caza de tu gato puede ayudar a canalizar su energía de manera positiva y reducir la probabilidad de carreras repentinas causadas por exceso de energía acumulada.

¿Por qué mi gato no le gusta que lo carguen?

Si tu gato no le gusta que lo carguen, es un comportamiento bastante común y tiene varias explicaciones relacionadas con la naturaleza y las preferencias individuales de los gatos. Aquí te explico de manera exhaustiva por qué tu gato podría sentirse incómodo cuando lo cargas y qué significa este comportamiento.

Primero, es importante entender que los gatos son animales territoriales y muy conscientes de su entorno. Cuando un gato es levantado del suelo, pierde el control de su entorno inmediato y puede sentirse vulnerable. Esta pérdida de control puede ser estresante para algunos gatos, especialmente si no están acostumbrados a ser cargados. Los gatos prefieren tener las cuatro patas en el suelo para poder moverse libremente y escapar si es necesario. Esta necesidad de control y seguridad es una de las razones principales por las que muchos gatos no disfrutan ser cargados.

La naturaleza instintiva de los gatos también juega un papel importante en este comportamiento. En la naturaleza, los felinos no son levantados a menos que sean cachorros transportados por su madre. Para un gato adulto, ser levantado puede desencadenar una respuesta de estrés o miedo, ya que no es una situación natural para ellos. Además, en la vida salvaje, ser levantado podría significar ser atrapado por un depredador, lo que incrementa la sensación de vulnerabilidad.

Cada gato tiene su propia personalidad y niveles de tolerancia al manejo físico. Algunos gatos son más independientes y reservados, mientras que otros son más afectuosos y toleran mejor ser manipulados. La socialización temprana juega un papel crucial en cómo un gato responde al ser cargado. Los gatos que han sido manipulados y cargados desde una edad temprana suelen ser más tolerantes a este tipo de interacción. Sin embargo, si un gato no ha tenido estas experiencias positivas durante su socialización, puede ser más reacio a ser cargado.

El comportamiento de no querer ser cargado también puede estar relacionado con experiencias pasadas. Si tu gato ha tenido una experiencia negativa mientras era cargado, como una caída o un manejo brusco, puede asociar ser levantado con una sensación de inseguridad o incomodidad. Incluso un manejo inapropiado o torpe, aunque no sea intencional, puede hacer que un gato se sienta incómodo y reacio a ser cargado en el futuro.

La salud y el bienestar físico también pueden influir en la tolerancia de un gato a ser cargado. Si tu gato tiene dolor o malestar debido a una condición médica, ser levantado puede exacerbar su incomodidad. Los problemas articulares, lesiones o incluso un estómago lleno pueden hacer que ser cargado sea incómodo o doloroso para tu gato. Si sospechas que esto podría ser un factor, es importante llevar a tu gato al veterinario para una evaluación completa.

Para ayudar a tu gato a sentirse más cómodo con ser cargado, puedes intentar algunos métodos de desensibilización y refuerzo positivo. Aquí hay algunas estrategias:

1. **Desensibilización gradual:** Comienza por acariciar a tu gato y levantándolo solo unos centímetros del suelo antes de volver a dejarlo. Aumenta gradualmente el tiempo y la altura a la que lo levantas a medida que se sienta más cómodo. Asegúrate de sostenerlo de manera segura y suave para que se sienta apoyado.

2. **Refuerzo positivo:** Usa golosinas y elogios para recompensar a tu gato cada vez que tolera ser levantado, aunque sea por un breve momento. Esto puede ayudar a crear asociaciones positivas con ser cargado.

3. **Conoce sus límites:** Respeta las señales de tu gato. Si muestra signos de incomodidad, como retorcerse, gruñir o intentar escapar, déjalo en el suelo y dale un descanso. No fuerces a tu gato a ser cargado si claramente no le gusta.

4. **Encuentra la técnica adecuada:** Algunos gatos prefieren ser cargados de ciertas maneras. Experimenta con diferentes formas de sostener a tu gato, como apoyándolo contra tu pecho o sosteniéndolo de manera que sus patas traseras estén apoyadas. Encuentra la posición que le resulte más cómoda.

5. **Crea un entorno seguro:** Asegúrate de que el entorno en el que cargas a tu gato sea tranquilo y libre de distracciones. Un ambiente calmado puede ayudar a reducir el estrés asociado con ser levantado.

¿Cómo puedo saber si mi gato es zurdo o diestro?

Determinar si tu gato es zurdo o diestro es una tarea fascinante que nos sumerge en el mundo de la lateralidad felina, un aspecto del comportamiento de los gatos que ha intrigado a científicos y amantes de los felinos por igual. A diferencia de los humanos, donde la preferencia por una mano es generalmente clara y consistente, la lateralidad en los gatos es más sutil y puede variar dependiendo de la tarea que estén realizando.

Para empezar a explorar si tu gato tiene una preferencia por la pata izquierda o derecha, es importante entender que los gatos, al igual que los humanos, muestran cierto grado de lateralización cerebral. Esto significa que los hemisferios izquierdo y derecho del cerebro pueden especializarse en diferentes funciones, lo que puede influir en la preferencia por usar una pata sobre la otra en ciertas actividades.

La observación cuidadosa es clave para determinar la lateralidad de tu gato. Puedes comenzar prestando atención a las actividades diarias de tu felino. Por ejemplo, observa qué pata usa primero al bajar escaleras o al salir de su cama. Muchos gatos tienden a iniciar estos movimientos con su pata preferida. Sin embargo, es importante tener en cuenta que estas observaciones casuales pueden no ser concluyentes por sí solas, ya que los gatos pueden alternar las patas dependiendo de su posición o comodidad en ese momento.

Una forma más sistemática de evaluar la preferencia de pata de tu gato es a través de juegos y actividades específicas. Un método común utilizado en estudios científicos es el "test del frasco". En este test, se coloca un pequeño premio, como un trozo de comida favorita, dentro de un frasco transparente o un tubo estrecho. Observa qué pata usa tu gato para intentar alcanzar el premio. Repite esta prueba varias veces en diferentes días para obtener una muestra más representativa del comportamiento de tu gato.

Otro enfoque interesante es observar a tu gato durante el juego. Presta atención a qué pata usa principalmente cuando intenta atrapar juguetes o cuando juega con objetos colgantes. Los juguetes interactivos, como las varitas con plumas o los punteros láser, pueden ser particularmente útiles para este propósito. Observa si tu gato tiende a alcanzar o golpear estos juguetes consistentemente con una pata en particular.

Es importante tener en cuenta que la preferencia de pata en los gatos puede no ser tan pronunciada o consistente como en los humanos. Algunos gatos pueden mostrar una fuerte preferencia por una pata, mientras que otros pueden ser más ambidiestros, usando ambas patas indistintamente. Además, la preferencia puede variar según la tarea. Por ejemplo, un gato puede preferir usar su pata derecha para alcanzar objetos, pero su pata izquierda para iniciar el movimiento al caminar.

Los investigadores han encontrado que, en general, hay una ligera tendencia hacia la preferencia por la pata derecha en la población felina, similar a lo que se observa en los humanos. Sin embargo, esto no significa que tu gato individual necesariamente siga esta tendencia. Cada gato es único, y factores como el sexo, la edad e incluso experiencias tempranas pueden influir en su lateralidad.

Curiosamente, algunos estudios han sugerido que puede haber una correlación entre la lateralidad y ciertos rasgos de personalidad en los gatos. Por ejemplo, se ha observado que los gatos zurdos pueden ser más propensos a mostrar comportamientos relacionados con el estrés en situaciones nuevas. Sin embargo, es importante no sacar conclusiones apresuradas sobre la personalidad de tu gato basándote únicamente en su preferencia de pata.

Para obtener una imagen más clara de la lateralidad de tu gato, es recomendable realizar observaciones durante un período prolongado y en diversas situaciones. Mantén un registro de las actividades en las que notas una preferencia consistente por una pata. Esto podría incluir situaciones como:

1. Alcanzar comida o juguetes
2. Iniciar el movimiento al caminar o correr
3. Rascar superficies (aunque esto puede estar más influenciado por la posición del objeto que se rasca)
4. Interactuar con otros gatos o animales
5. Manipular objetos pequeños

Recuerda que la lateralidad en los gatos es un tema complejo y que tu gato puede no mostrar una preferencia clara o consistente. Algunos gatos pueden incluso cambiar su preferencia de pata con el tiempo o en diferentes contextos.

¿Por qué mi gato maúlla al espejo?

Si tu gato maúlla al espejo, es un comportamiento interesante que puede tener varias explicaciones. Los gatos son criaturas curiosas y su reacción a los espejos puede variar. Los gatos no tienen el mismo nivel de autoconciencia que los humanos y no reconocen su propio reflejo en el espejo como una imagen de sí mismos. En lugar de eso, pueden percibir su reflejo como otro gato. Este "otro gato" no tiene un olor distinto y no emite sonidos por sí mismo, lo que puede confundir a tu gato. Maullar al espejo puede ser una respuesta a esta confusión, tu gato puede estar tratando de comunicarse con el "gato" que ve en el espejo. Los maullidos son una forma de comunicación, y tu gato puede estar intentando interactuar con lo que percibe como otro gato en su territorio. Esto es especialmente probable si tu gato tiende a ser vocal y comunicativo con otros gatos o contigo.
Otra posible explicación es que tu gato esté maullando al espejo por frustración. El reflejo en el espejo no responde de

la manera esperada; no emite olor, no reacciona a los movimientos y no hace sonidos propios. Esta falta de respuesta puede frustrar a tu gato, llevándolo a maullar en un intento de obtener una reacción. El comportamiento de maullar al espejo también puede estar relacionado con el instinto territorial. Los gatos son muy territoriales y pueden ver al "gato" en el espejo como un intruso. Al maullar, tu gato está estableciendo su presencia y tratando de ahuyentar al supuesto intruso. Este comportamiento es más común en gatos que no están acostumbrados a ver otros gatos en su entorno o que tienen un fuerte instinto territorial.

La curiosidad natural de los gatos también juega un papel en este comportamiento. Los espejos son objetos fascinantes porque reflejan luz y movimiento de una manera que no se encuentra en la naturaleza. Tu gato puede estar intrigado por estos reflejos y maullar es su forma de explorar y reaccionar a esta nueva experiencia. En algunos casos, maullar al espejo puede ser una forma de buscar atención. Si tu gato nota que maullar al espejo atrae tu atención, puede repetir el comportamiento para interactuar contigo. Los gatos son muy buenos para aprender qué comportamientos obtienen respuestas de sus dueños, y pueden utilizar estos comportamientos para obtener más atención y afecto.

Para manejar este comportamiento y ayudar a tu gato a sentirse más cómodo, puedes proporcionarle suficiente enriquecimiento y estimulación. Asegúrate de que tu gato tenga suficientes juguetes y actividades para mantenerse ocupado. Juguetes interactivos, rascadores y juegos de caza pueden ayudar a desviar su atención del espejo. Si el maullido al espejo se convierte en un problema, considera cubrir el espejo o moverlo a un lugar donde tu gato no pueda verlo. Esto puede ayudar a reducir la confusión y la frustración. Si tu gato muestra una fuerte reacción al espejo, puedes intentar desensibilizarlo gradualmente. Coloca el espejo en un lugar donde tu gato pueda verlo pero no interactuar directamente con él. A medida que tu gato se acostumbre al reflejo, puedes mover el espejo más cerca. Cuando tu gato maúlle al espejo, redirige su atención hacia algo positivo. Juega con él, ofrécele una golosina o acarícialo. Esto puede ayudar a romper la asociación entre el espejo y el comportamiento de maullar. Presta atención a otros signos de estrés o ansiedad en tu gato. Si el maullido al espejo es parte de un patrón más amplio de comportamiento ansioso o estresado, puede ser útil consultar a un veterinario o a un especialista en comportamiento felino para obtener asesoramiento adicional.

¿Es normal que mi gato
me "muerda" el pelo?

El comportamiento de tu gato de "morder" tu pelo es un fenómeno fascinante y relativamente común que tiene raíces profundas en la naturaleza felina y en la forma en que los gatos interactúan con su entorno y sus compañeros. Para entender por qué tu gato hace esto, es importante considerar varios aspectos del comportamiento felino y cómo se relacionan con este hábito en particular.

En primer lugar, es crucial reconocer que los gatos son criaturas extremadamente sensoriales. Utilizan su boca y sus dientes no solo para comer, sino también como una forma de explorar y interactuar con su mundo. Cuando tu gato muerde suavemente tu pelo, está empleando una de sus herramientas principales de exploración táctil. Este comportamiento puede ser similar al que los gatos exhiben cuando investigan objetos nuevos o interesantes en su entorno.

Además, el acto de morder o masticar el pelo puede estar relacionado con el comportamiento de acicalamiento. Los gatos pasan una gran parte de su tiempo acicalándose a sí mismos y a otros gatos con los que tienen una relación cercana. Cuando tu gato muerde tu pelo, podría estar tratando de "acicalarte" de la misma manera que lo haría con otro gato. Este es un signo de afecto y confianza, indicando que te ve como parte de su grupo social o familia.

Otro aspecto a considerar es que el pelo humano puede resultar intrigante para los gatos debido a su textura y movimiento. Los gatos son cazadores por naturaleza y están programados para responder a movimientos sutiles. El movimiento de tu cabello, especialmente si es largo, puede activar su instinto de juego o caza. Además, el olor de tu cabello, que lleva tu aroma personal y posiblemente los olores de los productos que usas, puede ser atractivo para tu gato, estimulando su curiosidad y deseo de investigar más de cerca.

Es importante mencionar que algunos gatos pueden desarrollar este comportamiento como una forma de buscar atención. Si has reaccionado de manera notable (ya sea positiva o negativamente) cuando tu gato ha mordido tu pelo en el pasado, es posible que haya aprendido que este es un método efectivo para obtener tu atención. Los gatos son criaturas inteligentes y rápidamente aprenden qué comportamientos resultan en interacciones con sus humanos. En algunos casos, el comportamiento de morder el pelo puede estar relacionado con el estrés o la ansiedad. Algunos gatos pueden recurrir a comportamientos repetitivos o inusuales cuando se sienten ansiosos o inseguros. Si notas que este comportamiento se intensifica durante períodos de cambio en el hogar o parece estar acompañado de otros signos de estrés, podría ser útil considerar si hay factores en el entorno de tu gato que puedan estar causando ansiedad.

También es posible que tu gato esté exhibiendo un comportamiento similar al que los gatitos muestran cuando amamantan. Algunos gatos adultos conservan comportamientos infantiles, como amasar o succionar, que pueden manifestarse de diversas formas, incluido el morder suavemente el pelo de sus dueños. Este tipo de comportamiento a menudo se asocia con sentimientos de comodidad y seguridad.

Es crucial diferenciar entre un mordisqueo suave y juguetón y un comportamiento más agresivo o problemático. Si tu gato está mordiendo tu pelo de manera suave y no causa dolor o incomodidad, generalmente se considera un comportamiento normal y no dañino. Sin embargo, si las mordidas son fuertes o agresivas, o si van acompañadas de otros comportamientos problemáticos, podría ser necesario abordar el tema con más seriedad.

Si el comportamiento te resulta molesto o inapropiado, hay formas de desalentarlo suavemente. Puedes intentar redirigir la atención de tu gato hacia un juguete cuando comience a morder tu pelo. También puedes levantarte y alejarte tranquilamente cuando ocurra, evitando reforzar el comportamiento con atención. Proporcionar a tu gato suficientes oportunidades de juego y estimulación mental también puede ayudar a reducir comportamientos que buscan atención.

¿Por qué mi gato mueve sus orejas de manera extraña?

Si tu gato mueve sus orejas de manera extraña, este comportamiento puede tener varias explicaciones y es importante entender el lenguaje corporal de los gatos para interpretar lo que están tratando de comunicar. Los gatos utilizan sus orejas para expresar una amplia gama de emociones y para percibir su entorno. Las orejas de un gato son extremadamente móviles, con 32 músculos que les permiten girar, inclinarse y moverse de formas que pueden parecer extrañas pero que son perfectamente normales y naturales para ellos.

Una de las razones más comunes por las que un gato mueve sus orejas es para captar sonidos. Los gatos tienen un sentido del oído muy agudo y pueden detectar sonidos que están fuera del rango de audición de los humanos. Cuando las orejas de tu gato se mueven rápidamente de un lado a otro, puede estar tratando de localizar la fuente de un sonido. Este comportamiento es una parte crucial de su instinto de caza y vigilancia. Incluso los gatos domésticos mantienen este instinto, ya que es una parte integral de su naturaleza.

El movimiento de las orejas también puede reflejar el estado emocional de tu gato. Si las orejas están erguidas y apuntando hacia adelante, generalmente indican que tu gato está alerta y curioso. Está interesado en lo que está sucediendo a su alrededor y está listo para reaccionar si es necesario. Si las orejas están ligeramente inclinadas hacia los lados, puede ser una señal de que tu gato está relajado y contento.

Por otro lado, las orejas que se aplanan hacia atrás contra la cabeza pueden indicar miedo, ansiedad o agresión. Este es un comportamiento defensivo y una señal de que tu gato se siente amenazado o incómodo. Si las orejas de tu gato están en esta posición y también está mostrando otros signos de estrés, como gruñidos, silbidos o una postura corporal tensa, es importante darle espacio y tratar de identificar la causa de su malestar.

El movimiento constante de las orejas también puede ser una señal de irritación o incomodidad física. Los gatos son susceptibles a infecciones de oído, ácaros y otras afecciones que pueden causar molestias. Si notas que tu gato sacude la cabeza con frecuencia, se rasca las orejas más de lo habitual o hay una secreción inusual, es posible que tenga un problema de salud que necesite atención veterinaria. Las infecciones de oído y los ácaros pueden ser muy incómodos para los gatos y deben tratarse adecuadamente para evitar complicaciones más graves.

Otro factor a considerar es el entorno de tu gato. Los gatos son animales muy sensibles a su entorno y cualquier cambio, por pequeño que sea, puede provocar una respuesta en sus orejas. Un ruido fuerte, la presencia de un nuevo animal o persona en la casa, o incluso un cambio en el mobiliario puede hacer que tu gato mueva sus orejas de manera inusual mientras trata de adaptarse a la nueva situación.

En algunos casos, el movimiento de las orejas puede estar relacionado con la comunicación con otros gatos o con humanos. Los gatos utilizan sus orejas, junto con otros gestos corporales, para comunicarse entre sí y expresar sus emociones y deseos. Si tienes varios gatos en casa, observa cómo mueven sus orejas durante sus interacciones. Puedes aprender mucho sobre sus relaciones y jerarquías observando estos sutiles movimientos.

Para ayudar a tu gato a sentirse más cómodo y entender mejor su lenguaje corporal, presta atención a sus orejas en diferentes contextos y situaciones. Aprende a reconocer las señales de alerta, curiosidad, relajación, miedo y agresión. Esto no solo te ayudará a comprender mejor a tu gato, sino que también te permitirá responder adecuadamente a sus necesidades y emociones.

¿Por qué mi gato intenta atrapar luces o sombras?

Cuando tu gato intenta atrapar luces o sombras, está actuando de acuerdo con su instinto natural de caza. Los gatos son cazadores innatos, y cualquier cosa que se mueva rápidamente y de manera errática captará su atención. Las luces y las sombras proporcionan una excelente simulación de las presas que los gatos cazarían en la naturaleza, como insectos, pequeños roedores o aves. Este comportamiento es una manifestación de su necesidad de cazar y ejercitar sus habilidades depredadoras.

Los gatos tienen una visión excepcionalmente buena para detectar movimientos rápidos. Sus ojos están diseñados para captar cambios de luz y movimiento, lo que les permite ser cazadores efectivos. Cuando ven una luz que se mueve rápidamente, como el reflejo de un reloj o la luz de un láser, su cerebro interpreta esto como una posible presa. El impulso de perseguir y atrapar ese "objeto" es casi irresistible para ellos debido a sus instintos naturales.

Además de los instintos de caza, perseguir luces y sombras también proporciona estimulación mental y física para los gatos. En un entorno doméstico, donde no tienen la necesidad de cazar para alimentarse, encontrar formas de ejercitar sus instintos es crucial para su bienestar. Las luces y las sombras ofrecen una forma segura y controlada de canalizar su energía y mantenerlos activos. Esto no solo es divertido para el gato, sino que también ayuda a prevenir el aburrimiento y la ansiedad, que pueden llevar a comportamientos indeseados.

Los juegos que involucran luces y sombras también pueden fortalecer el vínculo entre tú y tu gato. Participar en juegos interactivos como el uso de punteros láser o linternas para crear movimientos que tu gato pueda perseguir puede ser una forma muy efectiva de interactuar con tu mascota. Sin embargo, es importante tener en cuenta que, aunque los punteros láser son muy atractivos para los gatos, pueden causar frustración si el gato nunca tiene la oportunidad de "capturar" físicamente su presa. Para evitar esto, es una buena idea terminar las sesiones de juego con un juguete físico que tu gato pueda atrapar y morder, proporcionando una sensación de logro.

Es también crucial observar la seguridad. Asegúrate de no dirigir el rayo láser directamente a los ojos de tu gato, ya que puede causar daño ocular. Siempre utiliza juguetes diseñados específicamente para gatos y supervisa el juego para evitar cualquier posible accidente.

Finalmente, perseguir luces y sombras puede ser una forma de liberar estrés y exceso de energía. Si tu gato tiene mucha energía acumulada, proporcionarle oportunidades para perseguir y jugar puede ayudar a calmarlo y mantenerlo equilibrado. Un gato que no tiene suficiente estimulación física y mental puede desarrollar problemas de comportamiento, por lo que incorporar juegos que imiten la caza es una excelente manera de mantener a tu gato feliz y saludable.

¿Cómo puedo saber si mi gato tiene un trastorno del comportamiento?

Identificar si tu gato tiene un trastorno del comportamiento requiere una observación cuidadosa y una comprensión profunda de lo que constituye un comportamiento felino normal versus uno problemático. Los gatos son criaturas complejas con personalidades únicas, y lo que puede parecer inusual para un dueño puede ser perfectamente normal para otro gato. Sin embargo, existen ciertos signos y patrones que pueden indicar que tu gato está experimentando un trastorno del comportamiento.

Para empezar, es crucial establecer una línea base de lo que es normal para tu gato en particular. Cada felino tiene sus propias peculiaridades y hábitos, y lo que podría considerarse un comportamiento problemático en un gato puede ser simplemente parte de la personalidad única de otro. Observa cuidadosamente los patrones diarios de tu gato, incluyendo sus hábitos de alimentación, sueño, uso del arenero, nivel de actividad y formas de interactuar contigo y con otros miembros del hogar.

Un cambio repentino y sostenido en cualquiera de estos patrones puede ser una señal de que algo no está bien. Por ejemplo, si tu gato normalmente sociable comienza a esconderse constantemente, o si un gato generalmente tranquilo se vuelve agresivo sin razón aparente, estos podrían ser indicios de un problema de comportamiento. Sin embargo, es importante tener en cuenta que los cambios de comportamiento también pueden ser signos de problemas de salud subyacentes, por lo que una visita al veterinario siempre debe ser el primer paso cuando notes cambios significativos.

Los trastornos del comportamiento en gatos pueden manifestarse de diversas maneras. Algunos signos comunes incluyen la agresión excesiva hacia personas u otros animales, el marcaje territorial persistente fuera del arenero, el acicalamiento compulsivo que lleva a la pérdida de pelo o lesiones en la piel, la ansiedad extrema o los miedos irracionales, y los comportamientos repetitivos o estereotipados que parecen no tener propósito.

La agresión, por ejemplo, puede ser un signo de varios problemas de comportamiento. Mientras que cierto nivel de juego agresivo es normal, especialmente en gatos jóvenes, la agresión que causa lesiones o que parece surgir de la nada puede indicar un problema más serio. Esto podría deberse a miedo, ansiedad, frustración, o incluso a experiencias traumáticas pasadas.

El marcaje con orina fuera del arenero es otro comportamiento que puede indicar un trastorno. Aunque el marcaje ocasional puede ocurrir en gatos no castrados o en situaciones de estrés, el marcaje persistente y generalizado, especialmente en un gato castrado y previamente bien entrenado en el uso del arenero, puede ser signo de ansiedad o problemas territoriales.

El acicalamiento excesivo, que lleva a la pérdida de pelo o a heridas en la piel, puede ser un signo de ansiedad o de trastorno compulsivo. Los gatos naturalmente pasan mucho tiempo acicalándose, pero cuando este comportamiento se vuelve obsesivo y causa daño físico, es una señal clara de que algo no está bien.

Los comportamientos repetitivos o estereotipados, como perseguir la cola constantemente, succionar o morder objetos de forma compulsiva, o realizar movimientos rítmicos sin propósito aparente, pueden ser indicativos de estrés crónico o de un trastorno compulsivo.

La ansiedad por separación es otro trastorno del comportamiento que puede manifestarse en gatos. Si tu gato muestra signos de angustia extrema cuando te vas, como vocalización excesiva, destructividad, o eliminación inapropiada, podría estar sufriendo de este trastorno.

Es importante recordar que muchos de estos comportamientos pueden tener causas médicas subyacentes. Por ejemplo, la eliminación fuera del arenero puede ser un signo de infección del tracto urinario, mientras que el acicalamiento excesivo podría indicar alergias o problemas de piel. Por esta razón, cualquier cambio de comportamiento significativo debe ser evaluado primero por un veterinario para descartar problemas de salud.

El contexto en el que ocurren estos comportamientos también es crucial. Cambios en el entorno del gato, como mudanzas, la introducción de nuevas mascotas o miembros de la familia, o alteraciones en la rutina, pueden desencadenar cambios de comportamiento que, aunque problemáticos, pueden ser temporales y resolverse una vez que el gato se adapte a la nueva situación.

Para determinar si tu gato tiene un trastorno del comportamiento, es útil llevar un diario detallado de sus acciones. Anota cuándo ocurren los comportamientos problemáticos, qué los precede y qué sucede después. Esto puede ayudar a identificar patrones y desencadenantes que podrían no ser evidentes a primera vista.

Si sospechas que tu gato tiene un trastorno del comportamiento, el siguiente paso después de consultar con tu veterinario sería buscar la ayuda de un especialista en comportamiento felino. Estos profesionales pueden realizar una evaluación exhaustiva, considerando factores como el historial del gato, su entorno, y las dinámicas familiares para diagnosticar el problema y desarrollar un plan de tratamiento adecuado.

¿Por qué mi gato se frota contra mis piernas cuando llego a casa?

Cuando llegas a casa y tu gato se frota contra tus piernas, está realizando un comportamiento natural y significativo para los felinos. Este acto, conocido como "marcaje", es una forma en que los gatos comunican su afecto y establecen su territorio. Los gatos tienen glándulas odoríferas en varias partes de su cuerpo, incluyendo la cara, las patas y los costados. Al frotarse contra ti, tu gato está dejando su aroma en tus piernas, lo que en el mundo felino equivale a decir "esto es mío".

Pero hay más detrás de este comportamiento. Cuando tu gato se frota contra ti al llegar a casa, también está expresando su alegría por tu regreso. Los gatos, contrariamente a la creencia popular, son animales sociales que forman vínculos fuertes con sus cuidadores. Tu ausencia durante el día puede generar cierta ansiedad en tu gato, y al verte regresar, busca reconectarse contigo tanto física como emocionalmente.

Además, este comportamiento tiene raíces en la infancia felina. Los gatitos se frotan contra sus madres para sentirse seguros y solicitar atención. Al hacer lo mismo contigo, tu gato está mostrando que te ve como una figura de confianza y seguridad en su vida. Es una manera de buscar comodidad y reafirmar el vínculo que comparten.

Es interesante notar que la intensidad y frecuencia de este comportamiento puede variar según el gato y las circunstancias. Algunos gatos son más efusivos y se frotarán enérgicamente contra tus piernas, mientras que otros pueden ser más sutiles en su aproximación. Factores como el tiempo que has estado fuera, el estado de ánimo del gato, e incluso cambios en el entorno pueden influir en cómo te recibe tu felino.

También es importante entender que este comportamiento no solo ocurre cuando llegas a casa. Los gatos suelen frotarse contra sus dueños en otros momentos del día, especialmente cuando quieren algo, como comida o atención. Es su forma de comunicarse y de reforzar constantemente el vínculo que tienen contigo.

Cuando tu gato se frota contra tus piernas, también está mezclando su olor con el tuyo. Esto es significativo en el mundo felino, ya que los gatos que viven juntos comparten un olor grupal. Al mezclar su aroma contigo, tu gato te está incluyendo en su "colonia", reforzando la idea de que eres parte de su familia.

Es fascinante cómo un acto aparentemente simple como frotarse contra tus piernas puede tener tantos significados y propósitos para un gato. Desde marcar territorio y expresar afecto, hasta buscar seguridad y reafirmar vínculos, este comportamiento es una ventana al complejo mundo emocional y social de los felinos. La próxima vez que tu gato te reciba de esta manera, puedes apreciar la profundidad de la comunicación que está ocurriendo y el importante papel que juegas en la vida de tu mascota.

¿Qué puedo hacer si mi gato tiene un comportamiento destructivo?

Si tu gato tiene un comportamiento destructivo, hay varias estrategias que puedes emplear para abordar y corregir este comportamiento. Los gatos pueden desarrollar comportamientos destructivos por diversas razones, incluyendo aburrimiento, falta de estimulación, ansiedad, problemas de salud o simplemente por seguir sus instintos naturales. Aquí te explicaré de manera exhaustiva cómo manejar y reducir estos comportamientos para que tanto tú como tu gato puedan vivir en armonía.

Primero, es importante entender que los gatos son animales muy activos y curiosos que necesitan estimulación física y mental. Si un gato no tiene suficientes oportunidades para liberar su energía, puede recurrir a comportamientos destructivos como arañar muebles, morder objetos o derribar cosas. Proporcionar un entorno enriquecido es crucial para mantener a tu gato entretenido y ocupado. Esto incluye juguetes interactivos, rascadores, árboles para gatos y otros elementos que puedan atraer su atención y ofrecerle una salida para su energía.

El juego es una parte esencial para reducir el comportamiento destructivo. Dedica tiempo cada día para jugar con tu gato usando juguetes que imiten la caza, como varitas con plumas, ratones de juguete o punteros láser. Estos juegos no solo ayudan a quemar energía, sino que también satisfacen los instintos naturales de caza de tu gato. Al final de cada sesión de juego, es importante permitir que tu gato "capture" un juguete físico para que sienta una sensación de logro.

Proporcionar rascadores adecuados también es fundamental. Arañar es un comportamiento natural e instintivo para los gatos, que les ayuda a marcar su territorio, estirar sus músculos y mantener sus garras en buen estado. Coloca varios rascadores en diferentes áreas de la casa, especialmente cerca de los lugares donde tu gato tiende a arañar. Los rascadores deben ser estables y estar hechos de materiales que atraigan a tu gato, como sisal o cartón corrugado.

La recompensa y el refuerzo positivo son herramientas eficaces para fomentar buenos comportamientos. Cuando tu gato use el rascador en lugar de los muebles o juegue con sus juguetes en lugar de morder objetos inapropiados, recompénsalo con golosinas, caricias o palabras de elogio.

Esto ayudará a reforzar la idea de que comportarse de manera adecuada resulta en recompensas positivas.

Es también importante eliminar las tentaciones para reducir el comportamiento destructivo. Mantén los objetos frágiles o valiosos fuera del alcance de tu gato y asegúrate de que los cables y otros objetos tentadores estén bien guardados. Puedes usar repelentes comerciales para gatos en las áreas o en los objetos que quieres proteger. Estos productos tienen olores desagradables para los gatos, pero son seguros y no dañan los muebles ni otros artículos.

El entorno del gato debe ser enriquecido no solo con juguetes y rascadores, sino también con oportunidades para trepar y esconderse. Los gatos disfrutan explorando y observando su entorno desde lugares elevados. Proporciona estantes, árboles para gatos y áreas de observación cerca de las ventanas para mantener a tu gato estimulado y ocupado.

Si sospechas que el comportamiento destructivo de tu gato está relacionado con el estrés o la ansiedad, es importante identificar y abordar las posibles causas. Los cambios en el entorno, la llegada de nuevas mascotas o personas, o incluso cambios en la rutina diaria pueden causar estrés en los gatos. Crear un ambiente seguro y estable es crucial para ayudar a tu gato a sentirse más tranquilo. Los difusores de feromonas sintéticas, como Feliway, pueden ayudar a reducir el estrés y crear un ambiente más calmado.

En algunos casos, el comportamiento destructivo puede estar relacionado con problemas de salud. Si tu gato muestra cambios repentinos en su comportamiento o si los métodos anteriores no parecen funcionar, es importante llevarlo al veterinario para una evaluación completa. Problemas médicos, como el dolor o las infecciones, pueden contribuir al comportamiento destructivo y deben ser tratados adecuadamente.

¿Por qué mi gato siempre intenta salir cuando abro la puerta?

Si tu gato siempre intenta salir cuando abres la puerta, este comportamiento puede estar motivado por varios factores instintivos y naturales que forman parte de la personalidad y los instintos de los gatos. Entender estas razones te ayudará a manejar el comportamiento de manera efectiva y segura.

Primero, los gatos son naturalmente curiosos y aventureros. La curiosidad es una característica innata en los gatos, y la puerta abierta representa una oportunidad para explorar un territorio nuevo y desconocido. Para ellos, el mundo exterior está lleno de olores, sonidos y movimientos fascinantes que no experimentan dentro de casa. Cada vez que abres la puerta, estás creando una oportunidad tentadora para que tu gato sacie su curiosidad.

Además, los gatos tienen un fuerte instinto territorial. Quieren conocer cada rincón de su entorno y marcarlo como parte de su territorio. Salir al exterior les permite expandir su territorio y familiarizarse con nuevas áreas, lo que puede ser muy gratificante para ellos. Esta necesidad de explorar y marcar territorio puede ser especialmente fuerte en los gatos que no tienen acceso regular al exterior.

Otro factor a considerar es el instinto de caza. Los gatos son depredadores naturales y el exterior está lleno de presas potenciales, como insectos, aves y pequeños roedores. La puerta abierta puede representar una oportunidad de caza, lo que activa su instinto depredador y los impulsa a querer salir.

El entorno doméstico también juega un papel en este comportamiento. Si tu gato no tiene suficientes estímulos dentro de casa, como juguetes, áreas para trepar y esconderse, o tiempo de juego interactivo, puede sentirse aburrido y buscar estimulación en el exterior. Un entorno enriquecido puede ayudar a satisfacer estas necesidades y reducir el deseo de salir.

Además, los gatos son animales muy activos y necesitan ejercicio regular. El exterior ofrece un espacio amplio donde pueden correr, trepar y saltar libremente. Si tu gato no recibe suficiente ejercicio dentro de casa, puede intentar salir para satisfacer esta necesidad física.

Es importante también considerar la posibilidad de que tu gato haya tenido experiencias positivas en el exterior, ya sea que haya sido un gato callejero antes de ser adoptado o que haya escapado en el pasado y disfrutado de la experiencia. Estas memorias pueden motivarlo a intentar salir cada vez que vea la oportunidad.

Para manejar este comportamiento, puedes intentar varias estrategias. Primero, asegúrate de proporcionar suficiente enriquecimiento dentro de casa. Juguetes interactivos, rascadores, árboles para gatos y áreas de observación pueden mantener a tu gato entretenido y ocupado. El juego interactivo es especialmente importante; dedica tiempo cada día para jugar con tu gato usando juguetes que imiten el comportamiento de caza, como varitas con plumas o juguetes que se mueven.

Crear un ambiente seguro y estimulante en el interior puede ayudar a reducir su deseo de salir. Coloca camas y perchas cerca de las ventanas para que tu gato pueda observar el exterior sin salir. Las perchas de ventana son especialmente atractivas para los gatos, ya que les permiten disfrutar del sol y observar los movimientos fuera de casa.

Otra estrategia es enseñar a tu gato a quedarse tranquilo cuando abres la puerta. Puedes entrenar a tu gato usando refuerzos positivos, como golosinas y elogios, para que se siente y espere cada vez que abres la puerta. Esto requiere paciencia y consistencia, pero con el tiempo, tu gato aprenderá que quedarse adentro es igualmente gratificante.

También puedes considerar el uso de puertas secundarias o barreras para evitar que tu gato salga. Las puertas para bebés o las barreras de seguridad pueden ser útiles para crear una zona de contención cuando necesitas abrir la puerta principal.

Si tu gato sigue mostrando un fuerte deseo de salir, una opción segura es proporcionarle acceso controlado al exterior. Puedes hacerlo mediante el uso de un arnés y una correa para pasearlo de manera segura, o construir un catio (patio cerrado para gatos) donde pueda disfrutar del aire libre sin el riesgo de escapar o enfrentarse a peligros.

¿Es normal que mi gato tenga "ataques" de energía de repente?

Es completamente normal que tu gato tenga "ataques" de energía de repente. Este comportamiento es comúnmente conocido como "zoomies" o "locos de medianoche" y es una manifestación del instinto natural de los gatos y su necesidad de ejercicio y estimulación. Aquí te explicaré de manera exhaustiva por qué tu gato experimenta estos momentos de energía explosiva y qué significa este comportamiento.

Primero, es importante entender que los gatos son depredadores naturales y, en la naturaleza, tienen patrones de actividad muy específicos. Los gatos salvajes, como los gatos monteses, tienden a ser más activos durante el amanecer y el atardecer, cuando sus presas están más activas. Aunque los gatos domésticos han sido domesticados, todavía conservan estos instintos y patrones de comportamiento. Estos "ataques" de energía pueden ser una forma de replicar los períodos de caza y actividad intensa que experimentarían en la naturaleza.

Los zoomies pueden ocurrir en cualquier momento del día, pero son más comunes en la noche o temprano en la mañana. Esto se debe a que los gatos son crepusculares, lo que significa que son más activos durante estas horas. Si tu gato corre por la casa, salta sobre los muebles y se comporta de manera frenética, es probable que esté siguiendo este patrón natural de actividad.

Otra razón por la que tu gato puede tener estos episodios de alta energía es la acumulación de energía. Los gatos necesitan ejercicio regular para mantenerse saludables y felices. Si no reciben suficiente estimulación física y mental durante el día, pueden liberar esta energía acumulada de una vez, resultando en los zoomies. Jugar con tu gato y proporcionarle juguetes interactivos y actividades puede ayudar a reducir la frecuencia e intensidad de estos episodios.

El juego y la caza simulada son esenciales para los gatos, ya que les permiten ejercitar sus cuerpos y mentes. Los juguetes que imitan el comportamiento de las presas, como varitas con plumas, ratones de juguete y pelotas, pueden ser muy efectivos para mantener a tu gato activo y satisfecho. Dedicar tiempo cada día a jugar con tu gato no solo ayuda a quemar energía, sino que también fortalece el vínculo entre tú y tu mascota.

Además, los zoomies pueden ser una forma para que los gatos expresen su felicidad y bienestar. Un gato que se siente seguro, feliz y cómodo en su entorno puede tener estos momentos de energía y diversión como una expresión de su buen estado emocional. Es importante observar el lenguaje corporal de tu gato durante estos episodios para asegurarte de que no esté experimentando estrés o ansiedad. Los signos de un gato feliz incluyen una cola levantada y relajada, ojos brillantes y un cuerpo suelto y flexible.

Sin embargo, si los episodios de energía repentina van acompañados de comportamientos agresivos, como morder o arañar, o si tu gato parece angustiado, podría ser una señal de que algo no está bien. En estos casos, es útil revisar el entorno de tu gato para asegurarte de que no haya factores estresantes, como cambios recientes en la casa, la presencia de otros animales o problemas de salud subyacentes.

Es importante también considerar la edad de tu gato. Los gatitos y los gatos jóvenes tienden a tener más energía y pueden experimentar zoomies con más frecuencia que los gatos mayores. A medida que los gatos envejecen, sus niveles de energía suelen disminuir, aunque todavía pueden tener momentos de juego y actividad.

Para manejar los zoomies y asegurarte de que no causen problemas en casa, puedes establecer una rutina de juego regular que incluya sesiones de juego activo antes de acostarte. Esto puede ayudar a tu gato a liberar energía de manera controlada y reducir la probabilidad de que experimente zoomies en momentos inoportunos, como durante la noche cuando estás tratando de dormir.

¿Por qué mi gato prefiere beber de vasos en lugar de su cuenco?

Los gatos son criaturas muy particulares y pueden tener preferencias y aversiones específicas que influyen en su comportamiento. Aquí te explicaré de manera exhaustiva por qué tu gato podría preferir beber de vasos y qué factores pueden estar contribuyendo a esta preferencia.
Una de las razones más comunes es la frescura del agua. Los gatos prefieren agua fresca y limpia, y pueden sentir que el agua en un vaso es más fresca que la del cuenco, especialmente si el cuenco no se limpia y rellena con regularidad. Los vasos, al ser objetos que nosotros también utilizamos, suelen contener agua fresca con más frecuencia, y tu gato puede estar buscando esa frescura.
La ubicación del cuenco de agua también puede influir en la preferencia de tu gato. Si el cuenco está en un lugar de alto tráfico o en una zona donde tu gato no se siente completamente seguro, puede optar por beber de un vaso que encuentra en un lugar más tranquilo y seguro. A los gatos les gusta beber en lugares donde pueden ver su entorno y sentirse protegidos. Considera mover el cuenco a una ubicación más tranquila y accesible para tu gato.
La forma y el tamaño del cuenco pueden ser un factor. Algunos gatos no les gusta la sensación de que sus bigotes toquen los lados del cuenco, una condición conocida como "fatiga de los bigotes". Los bigotes de los gatos son extremadamente sensibles, y si el cuenco es demasiado estrecho o profundo, puede causarles incomodidad. Los vasos, al tener una forma diferente, pueden ser más cómodos

para algunos gatos. Usar un cuenco más ancho y poco profundo puede ayudar a resolver este problema.

La textura y el material del cuenco también pueden influir. Los gatos pueden desarrollar aversiones a ciertos materiales, especialmente si el cuenco de agua está hecho de plástico, que puede retener olores y sabores desagradables. Los cuencos de acero inoxidable o cerámica son generalmente preferibles porque son más fáciles de limpiar y no retienen olores. Si tu gato parece evitar su cuenco de agua, intenta cambiar el material del cuenco para ver si eso mejora su disposición a usarlo.

Además, los gatos son animales curiosos y a menudo disfrutan explorando y probando nuevas cosas. Beber de un vaso puede ser simplemente una forma de satisfacer su curiosidad. Los gatos también son observadores y pueden imitar el comportamiento de sus dueños. Si ven que tú bebes de un vaso, pueden intentar hacer lo mismo para investigar y experimentar lo que haces.

Otro factor a considerar es la movilidad del agua. Los gatos prefieren agua en movimiento porque en la naturaleza, el agua corriente es más fresca y menos propensa a estar contaminada. Los vasos pueden hacer que el agua se mueva más fácilmente cuando el gato intenta beber, lo que puede ser más atractivo para ellos. Una fuente de agua para gatos puede ayudar a proporcionar agua en movimiento, lo que puede animar a tu gato a beber más de su propio cuenco.

La rutina de limpieza del cuenco de agua también es crucial. Asegúrate de limpiar el cuenco de agua de tu gato diariamente y rellenarlo con agua fresca. Esto no solo mantendrá el agua más atractiva para tu gato, sino que también garantizará que esté bebiendo agua limpia y segura.

Considera la salud de tu gato. Si tu gato tiene problemas dentales o dolor en la boca, puede evitar beber de su cuenco porque le resulta incómodo. Si sospechas que este podría ser el caso, una visita al veterinario es esencial para descartar cualquier problema de salud.

¿Qué puedo hacer si mi gato tiene miedo a los ruidos fuertes?

Si tu gato tiene miedo a los ruidos fuertes, es importante abordar este comportamiento con sensibilidad y paciencia para ayudarlo a sentirse más seguro y tranquilo. Los ruidos fuertes pueden ser muy aterradores para los gatos, ya que tienen un sentido del oído muy agudo y pueden percibir sonidos que nosotros no detectamos. Aquí te explicaré de manera exhaustiva qué puedes hacer para ayudar a tu gato a manejar su miedo a los ruidos fuertes y cómo crear un entorno más calmado para él.

Primero, es crucial proporcionar un refugio seguro para tu gato. Los gatos necesitan un lugar donde puedan sentirse protegidos y a salvo cuando se asustan. Este refugio puede ser una caja, una cama cerrada o una habitación tranquila y poco concurrida en tu casa. Asegúrate de que este espacio esté siempre accesible para tu gato, especialmente durante eventos que puedan generar ruidos fuertes, como tormentas, fuegos artificiales o fiestas. Coloca mantas suaves y algunos de sus juguetes favoritos en este refugio para que se sienta más cómodo y seguro.

La desensibilización y el contracondicionamiento son técnicas efectivas para ayudar a tu gato a acostumbrarse a los ruidos fuertes. La desensibilización implica exponer a tu gato gradualmente a los sonidos que le asustan en un nivel muy bajo y aumentar gradualmente la intensidad a lo largo del tiempo. Puedes encontrar grabaciones de ruidos fuertes, como truenos o fuegos artificiales, y reproducirlas a un volumen muy bajo mientras tu gato está relajado. A medida que tu gato se acostumbra al sonido, puedes aumentar el volumen gradualmente. Durante este proceso, es importante ofrecer golosinas, caricias y elogios para crear asociaciones positivas con el ruido.

El contracondicionamiento es una técnica que complementa la desensibilización. Consiste en cambiar la respuesta emocional de tu gato al ruido mediante la asociación de ese ruido con algo positivo, como una golosina o un juguete favorito. Cada vez que tu gato escuche el ruido, ofrécele una recompensa. Con el tiempo, tu gato puede empezar a asociar el ruido con algo positivo y su miedo puede disminuir.

Crear un ambiente calmante también puede ayudar a reducir el miedo de tu gato a los ruidos fuertes. Los difusores de feromonas sintéticas, como Feliway, pueden ayudar a crear una atmósfera relajante para tu gato. Estos productos imitan las feromonas naturales que los gatos producen para marcar su territorio y pueden tener un efecto calmante. Coloca un difusor en la habitación donde tu gato pasa la mayor parte del tiempo para ayudar a reducir su ansiedad.

Mantener una rutina diaria consistente puede proporcionar una sensación de seguridad para tu gato. Los gatos son criaturas de hábitos y se sienten más seguros cuando su entorno es predecible. Alimenta a tu gato, juega con él y ofrece tiempo de descanso a las mismas horas todos los días. Esta rutina predecible puede ayudar a reducir el estrés general y hacer que tu gato sea más resistente a los ruidos inesperados.

Durante eventos de ruidos fuertes, como tormentas o fuegos artificiales, trata de mantener la calma y actuar con normalidad. Los gatos son muy perceptivos y pueden captar el estrés de sus dueños. Si actúas con calma, tu gato puede sentirse más tranquilo. También es útil cerrar las ventanas y cortinas para amortiguar los sonidos y reducir la cantidad de luz y movimiento que pueden contribuir al miedo.

Proporcionar estimulación mental y física diaria también puede ayudar a tu gato a manejar el estrés. Los juguetes interactivos, los juegos de caza y los rascadores pueden ayudar a mantener a tu gato ocupado y reducir su ansiedad. Un gato que está física y mentalmente estimulado es menos probable que se sienta abrumado por los ruidos fuertes.

Si el miedo de tu gato a los ruidos fuertes es severo y persiste a pesar de tus esfuerzos, puede ser útil consultar a un veterinario o a un especialista en comportamiento felino. Ellos pueden ofrecer consejos adicionales y, si es necesario, recomendar tratamientos específicos como suplementos calmantes o medicación temporal para ayudar a tu gato a manejar su ansiedad.

¿Por qué mi gato se obsesiona con ciertos objetos?

Si tu gato se obsesiona con ciertos objetos, este comportamiento puede tener varias explicaciones que están relacionadas con los instintos naturales de los gatos, su curiosidad innata y su necesidad de estimulación mental y física. Aquí te explicaré de manera exhaustiva por qué tu gato podría estar mostrando una fijación por ciertos objetos y qué significa este comportamiento.

Los gatos son animales muy curiosos por naturaleza. Esta curiosidad es una parte fundamental de su comportamiento y está estrechamente relacionada con sus instintos de caza. En la naturaleza, los gatos deben explorar su entorno constantemente para encontrar comida y asegurar su territorio. Aunque los gatos domésticos no necesitan cazar para alimentarse, todavía conservan estos instintos. Un objeto inusual o nuevo en el hogar puede captar la atención de tu gato y desencadenar su curiosidad natural. Esta curiosidad puede llevar a una obsesión temporal mientras el gato investiga y explora el objeto.

Además de la curiosidad, los gatos pueden desarrollar una fijación por ciertos objetos debido a la estimulación sensorial que estos proporcionan. Los gatos tienen sentidos muy agudos, especialmente su sentido del olfato y del tacto. Un objeto con un olor interesante o una textura agradable puede ser muy atractivo para un gato. Por ejemplo, algunos gatos se sienten atraídos por el olor de ciertos materiales, como el cuero o el plástico, o por la textura de las telas suaves. Estos objetos pueden proporcionar una estimulación sensorial que es placentera para el gato.

El comportamiento de juego también puede influir en la fijación de un gato por ciertos objetos. Los gatos son cazadores naturales y tienen una fuerte inclinación a jugar con objetos que simulan a sus presas. Un objeto que se mueve de manera errática, emite sonidos o tiene una forma que imita a una presa puede ser particularmente atractivo para un gato. Jugar con estos objetos permite a los gatos practicar sus habilidades de caza y liberar energía acumulada. Si un objeto se convierte en un favorito de juego, tu gato puede desarrollar una obsesión por él.

El comportamiento territorial también puede desempeñar un papel en la fijación de los gatos por ciertos objetos. Los gatos marcan su territorio frotándose contra objetos y dejando su olor. Un objeto que ha sido marcado repetidamente puede convertirse en un punto focal para el gato, ya que representa una parte importante de su territorio. Además, los objetos que son manipulados con frecuencia por los humanos, como bolígrafos, llaves o ropa, pueden llevar el olor de su dueño, lo que puede ser reconfortante para el gato y fomentar una fijación.

La rutina y el confort también son factores importantes. Los gatos son animales de hábitos y les gusta la consistencia en su entorno. Un objeto que está siempre presente y que se asocia con momentos de confort o interacción positiva puede volverse especialmente significativo para el gato. Por ejemplo, un gato puede obsesionarse con una manta en particular porque la asocia con momentos de descanso y seguridad.

En algunos casos, una obsesión con ciertos objetos puede ser una señal de aburrimiento o falta de estimulación. Si un gato no tiene suficientes oportunidades para jugar y ejercitarse, puede buscar entretenimiento en objetos que encuentra en su entorno. Proporcionar un entorno enriquecido con juguetes interactivos, rascadores y áreas para trepar puede ayudar a reducir la fijación en objetos inapropiados.

Es importante también considerar la posibilidad de problemas de salud o comportamientos compulsivos. Aunque es menos común, algunos gatos pueden desarrollar comportamientos compulsivos que incluyen la fijación por ciertos objetos. Si notas que tu gato muestra una obsesión excesiva y persistente por un objeto, hasta el punto de interferir con su vida diaria, es una buena idea consultar a un veterinario. Problemas médicos o de comportamiento subyacentes pueden necesitar ser abordados para ayudar a tu gato a sentirse mejor.

Para manejar la obsesión de tu gato con ciertos objetos, puedes intentar algunas estrategias. Proporciona una variedad de juguetes y actividades para mantener a tu gato estimulado y entretenido. Rotar los juguetes regularmente puede mantener el interés de tu gato y evitar que se aburra. También es útil supervisar el juego de tu gato y redirigir su atención hacia objetos más apropiados si es necesario.

En resumen, la obsesión de tu gato con ciertos objetos puede estar motivada por su curiosidad natural, la estimulación sensorial, el comportamiento de juego, el comportamiento territorial, la rutina y el confort, o la falta de estimulación. Proporcionar un entorno enriquecido, observar el comportamiento de tu gato y, si es necesario, consultar a un veterinario pueden ayudar a manejar este comportamiento y mantener a tu gato feliz y saludable.